# ADVIS DE MESSIEVRS LES CVREZ DE PARIS,

## A MESSIEVRS LES CVREZ des autres Dioceſes de France ;

*SVR LES MAVVAISES MAXIMES de quelques nouueaux Caſuiſtes.*

Requeſte de Meſſieurs les Curez de Roüen à Monſeigneur leur Archeueſque, ſur le meſme ſujet.

Table & extraict de quelques vnes des plus dangereuſes Propoſitions de la Morale de pluſieurs nouueaux Caſuiſtes, fidelement tirées de leurs Ouurages.

A PARIS,

M. DC. LVI.

# ADVIS

## DE MESSIEVRS LES CVREZ DE PARIS, à Meſſieurs les Curez des autres Dioceſes de France.

*Sur le ſujet des mauuaiſes maximes de quelques nouueaux Caſuiſtes.*

ESSIEVRS,

Si tous les vrais Chreſtiens ſont vnis enſemble par vn meſme eſprit & vn meſme cœur, & ſont obligez par les deuoirs de la charité diuine de prendre part aux intereſts ſpirituels les vns des autres, dans les occaſions que Dieu leur en preſente; tous les Paſteurs de l'Egliſe Catholique le ſont encore dauantage, & leur charité deuant eſtre plus grande que celle des particuliers, puis qu'elle en eſt l'exemple & le modele, elle les lie auſſi plus étroitement enſemble, & les engage beaucoup plus à s'aider mutuellement pour le bien des ames que Dieu a commiſes à leur conduite. C'eſt ce qui nous a portez à écouter fauorablement ce qui nous a eſté repreſenté de la part de nos venerables Confreres Meſſieurs les Curez de Roüen dans nos dernieres aſſemblées: ſçauoir que Monſieur le Curé de S. Maclou, l'vn des plus conſiderables dentr'eux, s'eſtant creü obligé de parler dans vn ſermon Synodal en preſence de Monſeigneur l'Archeueſque de Roüen, de plus de huit cens Curez, & de pluſieurs autres perſonnes de condition, contre les mauuaiſes maximes de quelques Caſuiſtes, qui troublent l'ordre de la Hierarchie, & corrompent la Morale chreſtienne; & ayant depuis declaré dans vn autre Sermon fait en ſa Parroiſſe, qu'en preſchant contre ces pernicieuſes maximes il ne les attribuoit à aucun Ordre, ny à aucun Corps, mais les combattoit ſeulement en elles-meſmes: les Ieſuites de la ville de Roüen n'ont pas laiſſé de ſe tenir tellement offenſez du décry de cette doctrine, qu'ils ont preſenté à Monſeigneur l'Archeueſque de Roüen au nom de Frere Iean Briſacier Recteur de leur College en ladite ville, vne Requeſte remplie d'injures & de calomnies contre la perſonne dudit ſieur Curé de S. Maclou; afin que l'ayant ruiné d'honneur & de credit, il ne ſe trouuaſt plus perſonne qui ozaſt entreprendre de décrier publiquement ce que ces Auteurs scandaleux ozent soûtenir & escrire publiquement : Que ce traitement si iniurieux qu'on faisoit à leur Confrere, les auoit obligez de s'assembler pour examiner les points touchant les mœurs qui auoient donné lieu à ce differend : Que pour cela ils auoient leü les liures desquels ils ont esté tirez, & qu'en ayant fait des extraits fideles, il y auoient trouué des propositions si estranges, & si capables de corrompre les ames, que cela les auoit encore plus engagez à se ioindre à leur Confrere, pour en demander tous ensemble la condamnation : Qu'à cette fin ils auoient presenté vne Requeste à Monseigneur l'Archeuesque de Roüen, qui leur ayant dit que cette affaire estoit commune & regardoit toute l'Eglise, leur tesmoigna la vouloir renuoyer pardeuant Nosseigneurs de l'assemblée generale du Clergé de France qui se tient maintenant à Paris : Ce qui les auoit encore portez dauantage à s'addresser à nous, afin qu'estant joints ensemble, nous peussions trauailler plus vtilement à obtenir la Censure de ces maximes entierement opposées aux regles & à l'Esprit de l'Euangile, dont ils nous ont enuoyé les extraits, & à arrester la violence de ceux qui voudroient par leur credit fermer la bouche aux Pasteurs de l'Eglise, qui estant establis de Dieu pour seruir de sentinelles à la maison d'Israël, selon les paroles de l'Escriture, doiuent crier & auertir de tout ce qui peut porter prejudice aux ames dont Dieu leur demandera vn cõpte si rigoureux. Cet aduis plein de prudẽce & de zele nous ayãt puissamment touchez, nous a fait resoudre dans nostre derniere assemblée, non seulement de nous ioindre à Messieurs les Curez de Roüen, mais aussi de les imiter en vous faisant part de cette affaire, qui nous est commune à tous ; puisque nous auons tous le mesme interest, que l'Eglise cette pure & chaste Espouse de Iesus-Christ, dont la conduite nous est confiée souz l'autorité de Nosseigneurs les Euesques, ne reçoiue aucune soüillure dans ses mœurs par des maximes corrompuës & toutes contraires à ses regles saintes ; & qu'elle ne souffre pas dauantage les reproches scandaleux que luy font les heretiques ses ennemis qui la veulent rẽdre responsable de ces sentimẽs pernicieux de quelques Casuistes particuliers, qu'elle a toûjours improuuez par ses canons & par ses decrets. C'est dans ce dessein, & dans la seule veuë de rendre quelque seruice à l'Eglise, que pour vous instruire de tout ce qui s'est passé en ce rencontre, nous vous enuoyons vne copie de la requeste que Messieurs les Curez de Roüen ont presentée à Monseigneur leur Archeuesque, auec vn extrait fidele de quelques-vnes des propositions, que nous auons prises parmy le grand nombre d'autres semblables qui contiennent vne doctrine, dont toute personne qui a quelque soin de son salut, aura sans doute de l'horreur ; & entre lesquelles nous n'auons mis que celles qui regardent la Morale, & non celles qui concernent la Hierarchie. C'est afin que dans vn mesme esprit de paix, de concorde, & de charité, & dans vn mesme desir de profiter aux ames qui nous sont à tous commises, vous vous vnissiez à nous, comme plusieurs de Messieurs les Curez des autres Dioceses offrent déja de le faire, & enuoiyez pour cela vos procurations aux Syndics de nostre compagnie, qui soient en bonne forme, deuant Notaires, & mises au pied de l'extrait que nous vous enuoyõs des propositions à condamner, & pour demander & poursuiure conjointement tant pardeuant Nosseigneurs de l'Assemblée generale du Clergé de France, qu'ailleurs où il appartiendra, la Censure & condamnation de ces mauuaises maximes, qui corrompent la Morale Chrestienne, & troublent mesme la societé ciuile, telles que sont celles dont nous vous enuoyons les extraits, & autres semblables, à ce que les peuples que Dieu a commis à nostre garde sous Nosseigneurs les Prelats, soient desormais preseruez de ce venin mortel qui les porte au relâchement & au libertinage; & que nous puissions tous ensemble loüer & benir le Pere des misericordes, de ce qu'il nous aura donné la force de nous acquitter de nostre deuoir sans aucune crainte ny considerations humaines, & de ce qu'il nous aura fait la grace de contribuer par ce moyen au salut de tant d'ames, qui ont esté rachetées par le precieux sang de Nostre Seigneur Iesus-Christ.

*Ainsi conclu, & signé par l'ordre de l'assemblée de Messieurs les Curez de Paris.*

ROVSSE, Curé de S. Roch, Syndic.
DVPVYS, Curé des Saints Innocens, Syndic.

A Paris, le 13.
Septembre 1656.

## *COPIE DE LA REQVESTE PRESENTEE par Messieurs les Curez de Roüen à Monseigneur leur Archeuesque.*

A MONSEIGNEVR

# MONSEIGNEVR L'ILLVSTRISSIME ET RELIGIOSISSIME ARCHEVESQVE DE ROVEN

Primat de Normandie.

SVPPLIENT humblement les Doyen & Curez de Roüen sous-signez, disant que depuis quelques années plusieurs grands Prelats & autres Ecclesiastiques recommandables en pieté & suffisance auroient remarqué, & se seroient plaints tant par escrit que de viue voix, que plusieurs des Auteurs modernes, qui ont traité de la Theologie Morale & des cas de conscience, ont enseigné dans leurs escrits & dans les liures qu'ils ont composez sur ces matieres, des doctrines pernicieuses, qui corrompent les bonnes mœurs, & qui sont tout à fait opposées aux maximes de l'Euangile: Que feu Monseigneur l'Archeuesque vostre oncle & vostre predecesseur, est vn de ceux qui ont mieux reconnu les consequences de ce mal, dont il fait de grandes plaintes dans cet excellent ouurage qu'il a composé *De rebus Ecclesiæ*, où il deplore auec vn zele & vne force digne d'vn grand Prelat, la corruption des mœurs & le relaschement de la discipline, qui est arriué par les mauuais principes de la Theologie accommodante & complaisante des nouueaux Casuistes, dont il compare les liures à ces libelles penitentiaux qui seruoient autrefois de regles aux Confesseurs, en l'administration du Sacrement de Penitence, dans lesquels il se glissa tant d'erreurs & tant d'abus, que le second Concile de Chaalons sous Charlemagne, & le sixiéme Concile de Paris sous Louys le Debonnaire furent obligez de les condamner.

Mais outre ces plaintes generales qui ont esté faites par plusieurs grands personnages de ce temps contre les Casuistes, on a esté souuent contraint d'empescher le progrés de la mauuaise doctrine de quelques-vns par les Censures & par d'autres voyes juridiques, comme il est arriué à l'égard du liure de Pierre Milhard de l'Ordre des Benedictins. qui porte pour titre *La grande guide des Curez*, & celuy de Maistre Bertin Berthauld Prestre du Diocese de Coûtance, intitulé *le Directeur des Confesseurs*, qui ont esté notez de Censure par la Faculté de Theologie de Paris; & depuis le liure de la *Somme des pechez* composé par le Pere Bauny Iesuite a esté censuré à Rome par la Congregation de l'Indice, & en France par l'Assemblée generale du Clergé le 12. Avril 1642. comme contenant des propositions qui portent les ames au libertinage & à la corruption des bonnes mœurs, & violent l'equité naturelle & le droit des gens, excusent les blasphemes, vsures, simonies, & plusieurs autres pechez les plus enormes.

Et il est considerable, Monseigneur, que dans l'acte de Censure, Nosseigneurs les Prelats resolurent de faire dresser vn corps de Theologie Morale par dix ou douze Docteurs des plus celebres de la Faculté de Paris, lequel seroit approuué par les Prelats de ce Royaume, & receuë en tous leurs Dioceses, afin d'obuier aux inconueniens que cause la multiplicité de ces sortes de liures. Et enuiron deux ans aprés cette Censure, à sçauoir l'an 1644. le Pere Hereau Iesuite, Lecteur des cas de conscience au College de Clermont à Paris, ayant enseigné à ses escoliers quelques propositions prejudiciables à la vie des hommes, l'Vniuersité en fit informer, & presenta au Parlement trois requestes l'vne aprés l'autre: en la premiere desquelles en datte du 5. Mars de la mesme année l'Vniuersité demande qu'il soit fait defenses aux Iesuites de plus enseigner la Theologie au College de Clermont ny ailleurs: En la seconde, l'Vniuersité represente à la Cour, & fait voir que la doctrine contenuë dans les escrits du Pere Hereau n'est pas le sentiment d'vn particulier, mais la doctrine de plusieurs des Auteurs de cette Societé; & la troisiéme requeste tend à faire supprimer par la Cour le liure du Pere Caussin, qui porte pour titre *Apologie pour les Religieux de la Compagnie de Iesus*, ou ce Iesuiste tasche de iustifier sa Compagnie de l'accusation formée contr'elle par l'Vniuersité, & entreprendre de defendre par ce libelle les méchantes doctrines, sur lesquelles elle auoit presenté les deux requestes precedentes.

Pendant lesquelles procedures, le Roy en son Conseil, ayant eu auis de ces doctrines pernicieuses enseignées au College de Clermont, manda le Prouincial & les Superieurs des trois maisons des Iesuites de Paris, & leur fit entendre en presence de la Reine Regente sa Mere, le mécontentement qu'auoit sa Majesté des propositions enseignées par le Pere Hereau: qu'il y auoit beaucoup de faute de la part des Superieurs, d'auoir permis que telles maximes fussent mises en auant, dont la connoissance estoit tres-dangereuse, donnant des ouuertures d'exercer plustost les passions que de les regler: qu'elle desiroit que les Superieurs de leur Ordre fussent à l'auenir plus soigneux de s'informer de la doctrine qui seroit escrite ou enseignée en leurs maisons: qu'elle ne receuroit pas pour excuse qu'ils eussent ignoré les mauuaises maximes qui se traiteroient par leurs Peres ; & qu'elle se prendroit à eux des fautes qu'ils feroient à l'aduenir.

Surquoy, ainsi qu'il est porté en l'énoncé de l'Arrest du Conseil en datte du 28. Avril 1644. lesdits Iesuites témoignerent auoir vn extréme déplaisir que sa Majesté eust eu sujet de se plaindre de la conduite de leur Pere : qu'ils reconnoissoient qu'il auoit failly de traitter publiquement de telles questions dont on se plaint, lesquelles ils desauoüent, jugeant qu'il est tres-dangereux de les enseigner & de les escrire ; & qu'a l'auenir ils tiendront la main à ce qu'en leurs Colleges il ne fust proposé aucune matiere qui pust estre preiudiciable au public. En consequence desquelles declarations, le Roy en son Conseil fit tres-expresses inhibitions & defenses aux Iesuites & à tous autres de plus traiter à l'aduenir dans les Leçons publiques & autrement pareilles propositions, auec injonction aux Superieurs de veiller exactement à ce qu'en toutes leurs maisons l'on ne traitast telles matieres ; & cependant que le Pere Hereau demeuroit en Arrest en la maison de leur College, iusqu'à ce qu'autrement par sa Majesté en eust esté ordonné.

Le bruit & l'éclat que firent alors à Paris ces propositions pernicieuses du Pere Hereau, & principalement celles qui regardent le meurtre des medisans, réueilla la curiosité de plusieurs personnes de Lettres pour examiner de plus prés la doctrine des Casuistes. Les Auteurs des liures faits en ce temps-là pour la defense de l'Vniuersité contre les pretentions & entreprises des Iesuites, en ont recueilli plusieurs propositions dangereuses qui se lisent principalement dans deux liures, dont l'vn porte pour titre *les veritez accademiques* ; & l'autre *response de l'Vniuersité de Paris à l'Apologie pour les Iesuites*, faite par le Pere Caussin. Mais enuiron ce mesme temps, & encore depuis on a imprimé & publié plusieurs recueils plus amples, ou l'on a ramassé quantité de propositions detestables que l'on y attribuë aux Casuistes mesmes les plus celebres.

C'est, Monseigneur, ce qui nous a donné occasion de rechercher nous mesmes les plus exactement qu'il nous a esté possible, s'il se trouuoit dans les liures de ces Auteurs des doctrines si pernicieuses, que celles qui sont alleguées dans ces recueils.

La charge de Pasteurs que nous exerçons dans l'Eglise sous vostre autorité, & l'obligation que nous auons d'empescher que les ames qui nous sont commises ne soient infectées de ce venin, & que les Prestres qui administrent le Sacrement de Penitence dans nos Parroisses, ne prennent pour regle ces maximes dangereuses & ne s'en seruent dans les Confessionnaux, nous ont portez tous à ce dessein, & nous auons d'vn mesme esprit & d'vn mesme cœur, consulté les liures que nous auions en main, où nous auons trouué vn grand nombre de propositions fausses, dangereuses, & detestables, dont nous auons dressé vn extrait fidele que nous presentons à vostre Grandeur, pour en obtenir la Censure.

Comme ce mal est maintenant si public qu'on ne peut plus ny le cacher ny le dissimuler, il semble qu'il soit temps d'y donner vn remede efficace. Car à moins que l'autorité Episcopale interuienne pour condamner ces malheureuses propositions, ceux du peuple qui en ont connoissance pourroient se persuader faussement que ces opinions estant enseignées par des Docteurs catholiques, & estant tollerées dans l'Eglise, elles ne sont point mauuaises, & qu'on les peut suiure en seureté de conscience, ce qui seroit capable de produire de tres-mauuais effets, s'il n'y estoit promptement pourueu. Car les gens de bien en demeureroient tousiours scandalisez & les libertins en prendroient occasion de pecher auec plus d'insolence, & les heretiques continueroient d'en tirer auantage pour décrier l'Eglise Catholique, luy attribuant ces mauuaises maximes, comme a fait cy-deuant le Ministre du Moulin dans son liure *des Traditions*, où il reproche à l'Eglise Romaine les opinions pernicieuses de quelques vns de nos Casuistes.

Et d'ailleurs la necessité ne fut iamais si grande de reprimer l'audace de ces nouueaux Theologiens, dont nous voyons que les derniers adioustent toûjours quelque nouuel excés aux égaremens des premiers, ce qu'il seroit aisé de faire voir par plusieurs exemples considerables. De sorte que si l'on ne donne ordre à reprimer vne temerité si preiudiciable à l'Eglise, il est à craindre à l'aduenir que l'on ne fasse passer pour des doctrines certaines, & des veritez constantes, quantité de propositions dangereuses, que les plus hardis Casuistes n'ont encore osé auancer que comme douteuses ou peu probables.

Ce consideré, Monseigneur, nous supplions tres-humblement vostre Grandeur, d'employer son autorité & son zele vrayement Episcopal, pour arracher cette maudite zizanie du champ de l'Eglise, & pour y faire fleurir la pureté de la Morale chrestienne, en retranchant ces doctrines mal-heureuses par vne Censure digne de vous, qui animera sans doute les autres Prelats, & les portera à faire le mesme dans leurs Dioceses, afin que l'Espouse de Iesus-Christ paroissant incorruptible, & sans tache en ses mœurs aussi-bien qu'en sa doctrine impose silence à ses ennemis, & conserue inuiolablement la pureté que son diuin Espoux luy a meritée par son sang. Et parce que Me Iean Brisacier se disant Recteur de vostre College Archiepiscopal, à depuis quelques iours presenté à vostre Grandeur vne Requeste toute pleine d'injures & de calomnies contre la personne de Me Charles du Four Abbé d'Aulnei Tresorier de vostre Eglise Cathedrale, & Curé de la Parroisse S. Maclou, dans laquelle Requeste il traite ledit sieur du Four de temeraire, de seditieux, de rebelle, de fauteur d'heresie, & de calomniateur, & le charge de plusieurs autres iniures scandaleuses, par ce qu'il a presché auec zele & vigueur contre ces dangereuses doctrines vne fois en vostre presence, & deuant tout vostre Clergé, & vne autrefois en sa Paroisse, expliquant au peuple les Commandemens de Dieu, & les maximes salutaires de l'Euãgile, sans que neãtmoins il ait taxé ou offẽsé en aucune maniere les Iesuites; & que par cette requeste que ledit Brisacier vous presẽte en forme de plainte, il tẽd à estouffer la voix des Pasteurs, & nous empécher d'enseigner au peuple, dont la charge nous est commise, la pureté de la Morale chrestienne, & de combattre ces erreurs dont l'on a tasché de la corrompre, il plaise à vostre Grandeur luy enioindre de faire audit sieur du Four, reparation des calomnies & iniures atroces contenuës en sadite Requeste, & l'obliger luy-mesme de desauoüer sincerement, & improuuer tant par escrit que de viue voix ces opinions detestables; & en cas qu'il vous plaise d'admettre ledit Brisacier assister en jugement, afin de proceder en termes certains, il vous plaira ordonner qu'auant toutes choses, il sera tenu de se purger canoniquement de la note & Censure faite & publiée contre luy, par feu Monseigneur l'Archeuesque de Paris, ensemble de se faire auoüer par ses Superieurs en ses demandes & defenses, & se soûmettre en toute cette instance à vostre Tribunal & Iurisdiction, & en outre de declarer d'article en article s'il entend approuuer ou desapprouer les propositions que Monsieur le Curé de Sainct Maclou a décriées en ses predications, dont le memoire est cy-attaché, pour ce fait entrer en la contestation de cause, proceder à l'instruction, & aprés la perfection d'icelle attendre sur le tout vostre iugement.

Et quant à nous, MONSEIGNEVR, qui vous reclamons comme nôtre Iuge & nostre Pere, il vous plaira de nous maintenir tous en vostre protection, auec ledit Sieur Curé de Sainct Maclou dont la cause nous est commune, & en condamnant ces mauuaises doctrines retenir dans le silence ceux qui nous voudroient empescher de les décrier, & d'en faire connoistre au peuple les perilleuses consequences; Vous suppliant de considerer combien il doit estre fascheux aux Pasteurs & Curez de vostre Metropole de souffrir que quelques particuliers d'entre les Iesuites entreprennent de leur fermer la bouche, & de les empescher de prescher la verité de la sainte Doctrine, & de combattre les égaremens de la fausse Morale, durant qu'on souffre que ces mesmes particuliers les fauorisent, & les defendent publiquement, comme fait iournellement le Pere Brisacier luy-mesme, tant par écrit que de viue voix, comme il nous est aisé de le verifier, s'il l'ose dénier. C'est ce qu'a fait aussi à son exemple, voire mesme auec plus de scandale & de danger le Pere des Bois Regent de Theologie en vostre College Archiepiscopal, qui non content d'auoir combattu, & tasché de détruire, comme il fit l'an passé, le point de la discipline Ecclesiastique & Hierarchique, le mieux estably en vôtre Diocese, ayant fait plusieurs discours exprés à ses escoliers (qui sont quasi tous Prestres habituez en nos Parroisses) contre l'obligation de la Messe Paroissialle, & contre l'autorité qu'ont les Prelats d'y obliger les peuples, a quitté ses leçons ordinaires depuis vn mois en ça, pour excuser, & mesme pour defendre la mauuaise doctrine des Casuistes les plus décriez de son Ordre, ayant entrepris de iustifier entre les autres le Liure du Pere Bauny, intitulé *la Somme des Pechez*, & de faire passer sa doctrine pour saine & innocente, bien que ce Liure ait esté censuré à Rome & en France, par Nosseigneurs les Prelats en vne Assemblée generale. Et c'est encore auec vne pareille hardiesse que le mesme Pere des Bois a osé defendre le Pere l'Amy Theologien de sa Compagnie sur le sujet du meurtre de ceux qui calomnient ou menacent de calomnier les Prestres ou Religieux, iusques-là mesme que dans vne des dernieres leçons qu'il a faites à ses escoliers depuis peu de iours, il a insinué clairement qu'il estoit permis aux Prestres & Religieux de deffendre *etiam cum morte inuasoris* l'honneur qu'ils ont acquis par leur vertu & leur sagesse, lors qu'il n'y a point d'autre moyen d'empescher le calomniateur. A raison dequoy MONSEIGNEVR, nous demandons qu'il vous plaise ordonner à ce Regent, de retracter & desauoüer publiquement les propositions qu'il a auancées, tant contre les bonnes mœurs que contre l'ordre & la discipline de vôtre Diocese, & de toute l'Eglise; & qu'il luy soit fait defense d'enseigner à l'auenir pareilles doctrines scandaleuses sous les peines de droit.

Et cependant, MONSEIGNEVR, nous prierons Dieu, qui est le grand Maistre de la bonne & salutaire doctrine, de vous conseruer afin d'en rétablir la pureté dans son Eglise, & vous combler de toute sorte de prosperitez.

Et plus bas sont les seings suiuans auec leurs parafes.

TVRGIS, Doyen de la Chreſtienté & Curé de S. Viuien.
DV FOVR, Curé de S. Maclou.
DV PERROY, Curé de S. Eſtienne les Tonneliers.
SANCIER, Curé de S. Denys.
VOISIN, Curé de S. Michel.
THIERRY, Curé de S. Iean.
CHRESTIEN, Curé de S. Patrice.
LE CLERC, Curé de S. André.
PIQVAIS, Curé de S. Sauueur.
LORRAIN, Curé de S. Martin du Pont.
AVICE, Curé de S. Lo.
DE SAHVRS, Curé de S. Pierre du Chaſtel.
LE FEVRE, Curé de S. Vincent.
DE LA VIGNE, Curé de S. Pierre le Portier.
NICOLAS TALLEBOT, Curé de S. André prés Cauchoiſe.
DE LA FOSSE, Doyen & Curé de Noſtre-Dame de la Ronde.
DE LA HAYE, Curé de S. Amand.
MARC, Curé de S. Martin ſur Renelle.
TIREL, Curé de ſaincte Croix des Pelletiers.
LE PREVOST, Curé de S. Herbeland.
ARTVS, Curé de S. Vigor.
GVEROVLT, Curé de S. Nicaiſe.
DES MARETZ, Curé de ſaincte Croix S. Oüen.
COTTERET, Curé de S. Cande le Ieune.
DE FIEVX, Curé de S. Laurens.
TEVENEAV, Curé de S. Eſtienne la grande Egliſe.
LE CVILIER, Curé de ſaincte Marie la Petite.
FAVCILLON, Curé de S. Nicolas.

*Ladite Requeſte a eſté communiquée au Promoteur ſuiuant l'Ordonnance de Monſeigneur l'Archeueſque de Rouen renduë dans ſon Palais Archiepiſcopal de Gaillon le 28. Aouſt 1656.*

# TABLE

## DES PROPOSITIONS CONTENVES dans l'Extrait de quelques-vnes des plus dangereuses propositions de la Morale de plusieurs nouueaux Casuistes, fidelement tirées de leurs ouurages.

I.

SAint Thomas ayant enseigné clairement quodlib. 8. a. 8. & quodlib. 3. a. 5. que les opinions des Docteurs n'empeschent point qu'on ne soit coupable, lors qu'on agit contre la loy de Dieu: ces Casuistes enseignent au contraire qu'vne opinion est probable, lors qu'elle est enseignée par vn Docteur graue, & qu'on est assuré de ne point pecher en quittant vne opinion que nous croyons vraye, & qui est la plus seure, pour suiure la contraire qui est moins probable & moins seure. *Filiucius Iesuite*, Mor. qu. tr. 21. c. 4. n. 128. *Tannerus Ies.* Theol schol. Tom. 2. disp. 2. q. 6. dub. 3. *Sanchez Jes.* in sum. l. 1. c. 9. n. 7. *Layman Jes.* Theol. Mor. l. 1. Tr. 1. c. 5. §. 2. n. 6.

II.

Du sentiment qu'ont ces Casuistes que leurs opinions probables font que ce qui estoit auparauant peché ne l'est plus. *Caramuel* in Epist. ad Ant. Dianã.

III.

Que les Casuistes peuuent respondre selon les opinions des autres, quoy qu'ils les croyent fausses, lors qu'elles sont plus fauorables à ceux qui les consultent, & ainsi respondre tantost selon vn sentiment, & tantost selon le contraire. *Layman Ies.* Theol. Mor. l. 1. Tr. 1. c. 5. §. 2. n. 7. *Escobar* Princ. ex. 3 n. 24.

IV.

Que les conditions que ces Casuistes jugent necessaires afin qu'vne action soit imputée à peché, peuuent excuser vne infinité de crimes. *Bauny Ies.* Som. des pech. c. 39. p. 906. Edit. 6.

V.

Comme ils aneantissent les loix de l'Eglise dans la punition des crimes les plus horribles. *Escobar Ies.* Th. Mor. Tr. 1. Exam. 8. c. 3. Praxis ex Soc. Iesu Doctoribus.

VI.

Que l'on peut tuer vne personne pour s'empescher de receuoir vn soufflet, ou vn coup de baston. *Azor Ies.* Instit. Mor. Part. 3. l. 2. p. 105. *Filiucius Ies.* To. 2. Tr. 29. c. 3. n. 50. *Lessius Ies.* de Iust. & Iur. l. 2. c. 9. dub. 12. n. 77. *Escobar Jes.* Mor. Theol. Tr. 1. Exam. 7. c. 3. Praxis Soc. Iesu. *Becan Ies.* Som. part. 3. tr. 2. c. 64 de homic. qu. 8.

VII.

Qu'il est permis mesme à vn Ecclesiastique, & à vn Religieux de deffendre l'honneur qui naist de la science & de la vertu, en tuant celuy qui attaque cet honneur par des médisances & des calomnies. *L'Amy Ies.* Tom. 5. disp. 36. n. 118.

VIII.

La doctrine du P. *L'Amy* qui donne permission à vn Religieux de tuer celuy qui menace de le calomnier, soustenuë par *Caramuel*, comme estant le ſeul veritable ſentiment ſur ce ſujet, & le contraire n'eſtant pas ſeulement probable. Theol.Fundam.Fund. 55.§. 6.p 544.

IX.

Qu'il eſt douteux, ſi vn Religieux ayant abuſé d'vne femme, ne la peut point tuer quand elle publie ce qui eſt arriué. *Caramuel* ibid.§.7.p.551.

X.

Que comme on peut deffendre ſon honneur contre celuy qui le veut rauir, en luy impoſant vn faux crime, on le peut auſſi en le tuant. *Caramuel* Theol. Fundam. Fund. 55.§ 6.p.550.

XI.

Qu'il eſt permis ſelon les vns dans la ſpeculation, & ſelon les autres dans la pratique meſme, de bleſſer & de tuër celuy qui a donné vn ſoufflet quoy qu'il s'enfuye. *Leſſius Ieſ.* de Iuſt.& Iur. l. 2. c. 9. dub. 12. n. 79. *Reginaldus Ieſ.* in praxi. l. 21. n.62. *Filiucius Ieſ.* Tr.29. c. 3. n. 51. *Layman Ieſ.* l. 3. Tr. 3.par. 3. c. 3. n. 3. *Eſcobar Ieſ.* Mor. Theol. Tr. 1. Exam. 7. c. 3. Praxis. *Caramuel* Theol. Fundam. Fund. 55. §. 8. p. 551.

XII.

Qu'on peut tuër vn faux accuſateur, & meſme les teſmoins, & le Iuge, qu'on ne peut empeſcher autrement d'opprimer vn innocent. *Tannerus Ieſ.* To 3. diſp.4.q. 8. d. 4. n.83. *Sanchez Ieſ.* Oper. Mor. in Decal l.2. c.39. n. 7.

XIII.

Qu'on peut procurer l'auortement auant que le fruit ſoit animé pour ſauver la vie & l'honneur d'vne fille. *Ægydius Trullench* in Decal. Tom. 5. l. 5. c. 1. dub. 4. n. 1. Et *quidam Theologus Soc. Ieſu* apud *Dianam* Part. 6. Tr. 8. Reſol. 37.

XIV.

Qu'on peut tüer celuy qui nous donne vn dementy, ou qui nous dit des injures. *Eſcobar* Theol. Mor. Tr. 1. Exam. 7. c. 3. Praxis. *Reginaldus Ieſ.* l. 21. c. 5 n. 60.

XV.

Qu'on peut tuer celuy qui nous emporte noſtre bien, lors meſme qu'il s'enfuit, pourueu que la choſe ſoit de prix. *Leſſius Ieſ.* de Iuſt. & Iure, l. 2. c. 9. dub. 11 n. 66. & 72. *Eſcobar* Theol. Mor. Tr. 1. Exam. 7. c. 3. Praxis.

XVI.

Qu'il eſt permis en des occaſions d'accepter le duel. *Eſcobar* Theol. Mor. Tr. 1. Exam. 7. c. 3. Praxis. *Layman Ieſ.* l. 3. T. 3. Par. 3. c. 3. n. 2. & 3. *Hurtado de Mendoza Ieſ.* in 2. 2. diſp 170. ſect. 9. § 82. apud *Dianam* Part. 5. tr. 13. reſol. 26. Idem *Hurtado de Mendoza Ieſ.* referente *Diana* Part. 5. tr. 14. Miſcellan. 2. Reſol. 99.

XVII.

Que ce n'eſt point Simonie de donner, ou de receuoir vn bien temporel pour vn ſpirituel, lors qu'il n'eſt donné que comme motif, & non comme prix. *Gregorius à Valentia Ieſ.* to. 3. diſp. 6. q. 16. pun. 3. p. 2039. & ſequent. *Eſcobar* Mor. Theol. tract. 6. Ex. 2. c. 6. n. 40. Praxis. *Milhard* Guide des Curez ch. 63. Inſt. 1. n. 2.

XVIII.

Que ce n'eſt point Simonie d'obtenir vn Benefice en promettant de l'argent, lors qu'on n'a pas deſſein de le payer. *Eſcobar Ieſ.* Moral. Theol. tr. 6. Ex. 2. c. 2. n. 14.

XIX.

Qu'vn deuin eſt obligé de rendre ce qu'il a receu pour deuiner s'il n'a consulté que les astres, mais qu'il n'y est pas obligé s'il a consulté le Diable. *Sanchez Ies.* sum. Casuum l. 2. c. 38. n. 96.

XX.

Qu'on n'est point obligé ny selon le droit de nature, ny selon les loix, de rendre ce qu'on a receu pour donner vne sentence iniuste, ou pour commettre vn assassinat, ou vn adultere, mais qu'on le peut retenir. *Lessius Ies.* de Iust. l. 2. c. 14. d. 8. n. 52.

XXI.

Ouuerture que ces Casuistes donnent aux vols domestiques. *Bauny Ies.* Som. des pech. p. 213. & 214. Edit. 6.

XXII.

Qu'on n'est point obligé aux restitutions des dommages qu'vn tiers à faits à nostre instance. *Bauny Ies.* Som. des pech. p. 307. & 308. Edit. 6.

XXIII.

Qu'on n'est point obligé sous peine de peché mortel à rendre la somme totale que l'on a dérobée par quantité de petits larcins. *Bauny Ies.* Som. des pech. p. 220. Edit. 6.

XXIV.

Vsure palliée par ces Casuistes sous le nom de *Maior*, auquel ils imposent. *Bauny Ies.* Som. des pech. p. 331. & sequent. Edit. 6.

XXV.

Que l'enuie n'est point peché mortel quand elle est conceuë pour le bien temporel du prochain. *Bauny Jes.* Som. des pech. p. 123. Edit. 6.

XXVI.

Qu'vn Prestre qui a receu de l'argent pour dire vne Messe, peut encore en receuoir pour la partie du sacrifice qui luy appartient. *Escobar* Theol. Mor. Tr. 1. Ex. 11. c. 4. Praxis.

XXVII.

Que c'est entendre la Messe que d'en entendre quatre quarts en mesme temps. *Escobar* Theol. Mor. Tr. 1. Ex. 11. c. 4. Praxis. p. 146. Edit. Lugdun. An. 1644. *Bauny Ies.* Mor. Theol. Par. 1. Tr. 6. de Præcepto audiendæ Missæ. q. 9. p. 312.

XXVIII.

Relachemens contre l'obligation de ieusner. *Escobar* Theol. Mor. Tr. 1. Exam. 13. c. 3. Praxis.

XXIX.

Qu'ils reduisent le soin que le Confesseur doit auoir de juger de la disposition de son penitent, à luy demander s'il a regret de ses pechez & dessein de n'y plus retomber, & qu'ils pretendent qu'ayant dit, oüy, le Confesseur l'en doit croire. *Filiucius Ies.* Mor. Quæst. To. 1. Tract. 7. n. 354. *Suarez Ies.* in 3. Par. Tom. 4. disp. 32. sect. 2. n. 2.

XXX.

Que le penitent estant mesme interrogé par son Confesseur, n'est pas obligé de luy auoüer que le peché dont il se confesse est vn peché d'habitude, auquel il a accoustumé de tomber souuent. *Bauny Ies.* Th. Mor. Part. 1. Tract. 4. de Penit. q. 15. p. 137.

XXXI.

Qu'vne occasion prochaine de peché estant celle qui porte d'elle mesme au peché mortel, & en laquelle vne personne ne se trouue iamais ou presque iamais sans tomber dans le peché mortel, on peut neantmoins y demeurer

& mesme s'y engager pour le bien spirituel ou temporel de nous ou de nostre prochain. *Bauny Ies.* Theol. Mor. Par. 1. Tr. 4. de Pœnit. q. 14. p. 93. & 4.

XXXII.

Qu'vn Concubinaire n'est pas obligé de chasser sa concubine, mais seulement de promettre de ne plus pecher auec elle, lors que ne l'ayant pas il en viuroit plus tristement. *Sancius* in selectis disp. disp. 10. n. 20. apud *Dianam* 5. Part. Tr. 14. res. 108.

XXXIII.

Que la consideration d'vn interest temporel fait qu'on peut absoudre celuy qui est dans vne occasion prochaine de peché sans qu'il la quitte. *Bauny Ies.* Theol. Mor. Par. 1. Tr. 4. de Pœnit. q. 14. p. 94.

XXXIV.

Absoudre ceux qui sont dans les occasions prochaines, mesme d'inceste, sans les obliger de se separer, lors que leurs rechûtes ne sont pas frequentes & quasi journalieres, mais seulement vne ou deux fois le mois. Et qu'il faut mesme absoudre *toties quoties* l'enfant de famille qui ne peut abandonner la maison de son pere, ny en chasser la seruante dont il abuse frequemment, bien qu'il n'y ait apparence qu'il s'abstienne du peché, quoy qu'il le promette. *Bauny Ies.* Som. des pech. ch. 46. p. 1089. Edit. 6.

XXXV.

Absoudre *toties quoties* les jeunes gens qui se corrompent, & retombent tousiours dans les mesmes pechez mortels, sans trauailler mesme à s'en corriger. *Bauny Ies.* Theol. Mor. Part. 1. Tr. 4. de Pœnit. q. 15. p. 96.

XXXVI.

Qu'on ne doit ny refuser ny differer l'absolution à ceux qui sont dans les habitudes du peché mortel, contre la loy de Dieu, de la nature, & de l'Eglise, encore qu'on n'y voye aucune esperance d'amandement. *Bauny Ies.* Theol. Mor. Par. 1. Tract. 4. de Pœnit. q. 22. p. 100.

XXXVII.

Que le regret d'auoir peché conçeu à cause du mal temporel qui en arriue, comme pour auoir perdu la santé, ou son argent, est suffisant pour receuoir la grace de l'absolution, si on pense que ce mal est enuoyé de Dieu. *Escobar* tr. 7. ex. 4. n. 91. *L'Amy Ies.* T. 8. disp. 3. n. 13.

XXXVIII.

Que nous ne sommes point obligez par le commandement de la charité, de faire vn acte d'amour de Dieu, ny d'obseruer aucun commandement par le motif de cet amour : & qu'il ne nous est pas tant commandé d'aimer Dieu, que de ne le point haïr. *Ant. Sirmond Ies.* Defense de la v[...]

# EXTRAIT

## DE QVELQVES-VNES DES PLVS DANGEREVSES propositions de la Morale de plusieurs nouueaux Casuistes, fidelement tirées de leurs ouurages.

### I.

SAINT THOMAS *ayant enseigné clairement quodlib. 8. art. 8. & quodlib. 3. art. 3. que les opinions des Docteurs n'empeschent point qu'on ne soit coupable lors qu'on agit contre la loy de Dieu : ces Casuistes enseignent au contraire qu'vne opinion est probable, lors qu'elle est enseignée par vn Docteur graue ; & qu'on est asseuré de ne point pecher en quittant vne opinion que nous croyons vraye & qui est la plus seure, pour suiure la contraire qui est moins probable & moins seure.*

FILIVCIVS *Mor quæst. Tract. 21. c. 4 n. 128.*
Dico secundò licitum esse sequi opinionem minùs probabilem, etiamsi minùs tuta sit. Communis recentiorum.

TANNERVS *Theol. Scholast. tom. 2. Disp. 2. q 6. dub. 3.*
Esto aliquis vni sentétiæ tamquam veræ absoluto assensu adhæreat, eamque adeò ex propriis principiis veram, & contrariam falsam censeat : aut, quod adhuc expeditius est, esto sit ille ex propriis principiis de vtraque parte dubius, nihilominùs ex communibus & extrinsecis principiis, putà ob autoritatem Doctorum ita sentientium, poterit etiam ipse oppositum suæ sententiæ, vel alteruttram partem in praxi velut probabilem rectè sequi. Non enim pugnant hæc inter se, vnam opinionem probabiliter credi veram, & contrariam etsi falsam haberi probabilem.

SANCHEZ *in Sum. l. 1. c. 9. n. 7.*
Sed dubitabis an autoritas vnius Doctoris probi & docti reddat opinionem probabilem? Respondetur reddere.......... Probatur, quia opinio probabilis est quæ non leui innititur fundamento : at autoritas viri docti & pij non est leue fundamentum. Si enim non est leuis momenti, sed magni potiùs, vt aliquid Romæ contigisse credamus, id virum pium asserere ; cur non magni erit in re morali dubiâ, quod vir pius & in eâ materiâ doctus censuerit? Nec placet limitatio Adrian. quodl. 4. a. 1. litt. N. v. ex hoc patet. Et Corduba in suo quæst. lib. 2. q. 3 in solut. ad 2. confirm. 1. arg. v. ad Landulphum, f. 18. vt hoc intelligatur si sit error juris humani, secus si diuini. Ducuntúrque, quia in juris humani rebus indagandis non tanta diligentia, ac in rebus juris diuini exigitur. Sed non placet ; quippe in vtrisque est magni ponderis ac momenti viri grauis & pij autoritas.

LAYMAN *Theol. Mor. l. 1 Tr. 1. c. 5 § 2. n. 6.*
6. Notandum 3. Probabilis sententia, vti communiter accipitur, ita definiri potest : Quæ certitudinem non habens, tamen vel graui autoritate, vel non modici momenti ratione nititur. Autoritas grauis hoc loco censeri debet, quæ est saltem vnius viri docti & probi : qui tamen talem doctrinam non inconsideratè ac temerè, sed post perspecta rationum pondera quæ in oppositum afferri possunt, amplexus est : quod quidem ab ipso factum fuisse alij plerumque præsumere possunt, præsertim qui indocti sunt.

### II.

*Du sentiment qu'ont ces Casuistes que leurs opinions probables font que ce qui estoit auparauant peché ne l'est plus.*

CARAMVEL *in Epist. ad Ant. Dianam*
Laudant te & legunt viri docti, nec est in Europa Theologus qui sit studiosus & te careat. Si qui obmurmurant, docti non sunt, & tota oblocutio æmulorum peruenit ad columnas Herculeas, cùm dicunt *Dianam esse* AGNVM DEI *qui abstulit peccata mundi.* Idem ego frequenter inculco, vt te commendem....... Ibi ego. *Ingenium Dianæ viri quidem doctissimi veneror ; eius industriâ multas opiniones euasisse probabiles quæ anteà non erant : inuidus sit qui*

non' affirmet. Si iam sunt probabiles quæ anteà non erant, jam non peccant qui eas sequuntur, licet antè peccauerint : ergo si eiusmodi peccata ab orbe literario Diana sustulit, meritò dicetur esse AGNVS DEI *qui abstulit peccata mundi.* Habento Nauarrus & veteres Casuistæ gloriam suam : sunto leones, & à rigore & seueritate laudantor : esto AGNVS tu, laudandus à benignitate.

## III.

*Que les Casuistes peuuent répondre selon les opinions des autres, quoy qu'ils les croyent fausses, lors qu'elles sont plus fauorables à ceux qui les consultent, & ainsi répondre tantost selon vn sentiment, & tantost selon le contraire.*

LAYMAN *Theol. Mor. l. 1. Tr. 1. c. 5. §. 2. n. 7.*

Arbitror nihil à ratione alienum fore, si Doctor consultus significet consulenti, opinionem à quibusdam viris doctis tanquam probabilem defendi, quam proinde sequi ipsi liceat: quamuis idem Doctor eiusmodi sententiam speculatiuè falsam esse certò sibi persuadeat, vt proinde ipsemet in praxi eam sequi non possit. Cùm enim consulens in re dubiâ ius habeat se conformandi opinioni, quæ à quibusdam viris doctis defenditur ; nihil obstante quod aliqui alij contradicant, & speculatiuè sententiam improbabilem iudicent, hoc ipsum jus consulenti Doctor indicare non prohibetur. Atque hinc existit quod vir doctus diuersis secundum oppositas probabiles sententias opposita consilia dare possit, seruatâ tamen discretione ac prudentiâ.

ESCOBAR *Princ. ex. 3. n. 20. edit. Lugdun. an. 1644.*

Doctor potest ne alteri consulenti dare consilium non solùm ex propriâ, sed etiam ex alienâ sententiâ probabili, quæ consulenti sit fauorabilior ? Posse affirmo cum eodem Laymano.

IDEM *n. 24. vltimæ editionis.*

An Confessarius vt consultor possit contra propriam opinionem, minùs probabilem consulere, vt penitentem vel consulentem ab onere aliquo liberet ? Posse Vasquez affirmat 1. 2. d. 62. c. 9. n. 47. Becanum scio distinxisse in 1. 2. tr. 1. c. 4. q 9. n. 16. Sed idem demum asseruisse constat.

## IV.

*Que les conditions que ces Casuistes donnent, afin qu'vne action soit imputée à peché, peuuent excuser vne infinité de crimes.*

BAVNY *Som des pech. c. 39. p. 906. Edit 6.*

Conclusion 3. Pour pecher & se rendre coupable deuant Dieu, il faut sçauoir que la chose qu'on veut faire ne vaut rien, ou au moins en douter : craindre ou bien iuger que Dieu ne prend plaisir à l'action en laquelle l'on s'occupe, qu'il la defend, & nonobstant la faire, franchir le sault, & passer outre. Car pas vne action n'est imputée à blâme si elle n'est volontaire ; & pour estre telle, il faut qu'elle procede d'homme qui voye, qui sçache, qui penetre ce qu'il y a de bien & de mal en elle.... Quand la volonté à la volée & sans discussion se porte à vouloir ou abhorrer, faire ou laisser quelque chose, auant que l'entendement ait pû voir s'il y a du mal à la vouloir ou à la fuïr, la faire ou la laisser ; telle action n'est ny bonne ny mauuaise, d'autant qu'auant cette perquisition, cette veüe & reflexion de l'esprit dessus les qualitez bonnes ou mauuaises de la chose à laquelle l'on s'occupe, l'action auec laquelle l'on la fait n'est volontaire.

## V.

*Comme ils aneantissent les loix de l'Eglise dans la punition des crimes les plus horribles.*

ESCOBAR *Th. Mor. Tr. 1. Exam. 8. c. 3. Praxis circa 6 mandatum ex Soc. Iesu Doctoribus.*

102. Num Bulla Pij V. contra Clericos Sodomitas obliget in foro conscientiæ. *Henriquez* sentit vsu non esse receptam probabiliter, nec in conscientiæ foro obligare. Quod si vsu recepta sit, Clericus fœminam in indebita subigens vasi, non committit propriè Sodomiam, quia licet non seruet debitum vas, seruat tamen sexum. Nec incurrit *ex Suario* pœnas Bullæ intra vas masculi semen non immittens ; quia delictum non est consummatum. Nec *ex eodem* qui nonnisi bis aut ter in Sodomiam sunt lapsi ; quia Pontifex has pœnas Clericis exercentibus Sodomiam infligit. Nec (adhuc *ex Suario*) ante sententiam Iudicis declaratoriam pœnas Bullæ in foro conscientiæ incurrunt : quia nulla lex pœnalis obligat homines ad se prodendum. Colligo Clericum exercentem Sodomiam, si sit contritus, etiam retento beneficio & dignitate omnino esse absoluendum.

## VI.

## Que l'on peut tuer une personne pour s'empescher de receuoir un soufflet ou un coup de baston.

AZOR *Instit. Mor. Part. 3. l. 2. p. 105.*

Decimosextò quæritur, an si inuasor percutiat, v. g alapâ, vel fuste, vel verbere hominem alicuius notæ & honoris, ita vt ignominiosum sit illi, licitum sit occidere inuasorem, ne alapâ vel fuste, vel verbere lædat? Duæ sunt opiniones. I. asserentium non licere occidere. Sic videtur sentire Major 4. dist 15. q. 20. quia vita proximi pretiosior est nostro honore. Deinde quia est inhumanum occidere alium, ne nos alapâ, vel verbere, vel fuste percutiat. Opinio 2. est asserentium id esse licitum, nimirum quando alapâ, vel verbere, vel fuste percuti esset valdè homini percusso dedecorosum. Ita Sotus, Couar. Nauar. locis supra citatis. Certè hoc videtur probabile, cùm alio modo suum honorem defendere non potest. Aliter enim ex malitiâ hominum honor innocentis passim tolli posset.

FILIVCIVS *To. 2. Tr. 29 c. 3 n. 50.*

Si factis impugnetur honor, connitendo alapam vel fustem impingere, probabilis est sententia Doctorum dicentium fas esse viro honorato occidere talem inuasorem. Nau. c. 15. n. 3. Sot. a. 8. Syl. Hom. 1. q. 5. & alij cum Less. n. 77. Ratio est quia sicut licet inuasorem occidere ad defendenda bona temporalia, vt dictum est præced. qu. ita multò magis licere debet ad defendendum honorem, qui meritò pluris apud homines æstimatur, quàm damnum multorum bonorum vel pecuniarum. Dixi, *viro honorato*, quia si secundum rectam rationem non censeretur alicui talis defensio nimis vtilis aut necessaria, vt pauperi, Clerico, Religioso, vel personæ vulgari, tunc non liceret: nobili autem laïco, militi, &c. liceret.

LESSIVS *de Iust. & Iur. l. 2 c. 9. dub. 12. n. 77.*

Dico 2. fas etiam est viro honorato occidere inuasorem qui fustem vel alapam nititur impingere vt ignominiam inferat, si aliter hæc ignominia vitari nequit. Ita docet expressè Sotus a. 8. Nauar. c. 15 n. 3. & Sylu. v homicidium. 1. q. 5. & Lud. Lopez c. 62. Antonius Gomez To. 3. c. 3. n. 23. Iulius Clarus §. homicidium n. 26. vbi dicit periculum famæ æquiparari periculo vitæ. Ratio est, quia hic conatur auferre honorem, qui meritò pluris apud homines æstimatur quàm damnum multarum pecuniarum: ergo si potest occidere ne damnum pecuniarum accipiat, potest etiam ne hanc ignominiam cogatur sustinere.

ESCOBAR *Moral. Theol. Tr. 1. Exam. 7. c. 3. Praxis Soc. Ies.*

47. Aggreditur quis virum nobilem seu alapâ seu baculo percutere, licebitne ei occidere priùs aggressorem? Affirmat Lessius lib. 2. c. 9. dub. 12. n 77. quia maximum in aliquibus regionibus dedecus est alapas vel baculi verbera absque vindictâ relinquere. Limito tamen sententiam ad viros nobiles. Plebeiis enim alapæ & verbera parum sunt dedecori.

BECANVS *Sum. 3. par. tr. 2. c. 64. de homicidio q. 8.*

2. Secunda Conclusio. Licitum est etiam viro honorato occidere inuasorem qui fustem vel vel alapam nititur impingere vt ignominiam inferat, si aliter hæc ignominia vitari non potest. Ita Sotus a. 8. Sylu. V. homic. 1 q. 5. Nauarr. c. 15. n. 3. Lopez c. 62. Gomez l. 3. c. 3. n. 23 & Iulius Clarus §. homicid. n. 26. Ratio est quia hæc ignominia quæ fuste vel alapâ infertur, censetur maius malum, quàm damnum multarum pecuniarum: ergo si potes occidere inuasorem ne damnum hoc accipias, poteris etiam ne ignominiam cogaris sustinere.

## VII.

## Qu'il est permis mesme à vn Ecclesiastique & à vn Religieux de defendre l'honneur qui naist de la science & de la vertu, en tuant celuy qui attaque cet honneur par des médisances & des calomnies.

AMICVS *Tom. 5. disp. 36. n. 118.*

Negari non potest, quin saltem honorem famámque illam quæ ex virtute & sapientiâ nascitur, quique verus honor est, iustè defendere Clerici ac Religiosi valeant, ac sæpe debeant, cùm hic sit proprius professionis ipsorum, quem si amittant, maximum bonum ac decus amittunt. Nam per hunc redduntur summopere æstimabiles & conspicui secularibus, quos suâ virtute dirigere ac juuare possunt: quo sublato nec illos dirigere nec juuare poterunt. Ergo saltem hunc honorem poterunt Clerici ac Religiosi cum moderamine inculpatæ tutelæ ETIAM CVM MORTE INVASORIS defendere: quin interdum lege saltem charitatis videntur ad illum defendendum teneri, si ex violatione propriæ famæ integra Religio infametur.

*Ce qui est cy-dessus du P. l'Amy se trouue dans toutes les editions, mais ce qui suit, & qui n'est qu'vne conclusion du principe estably auparauant, ne se trouue que dans l'edition de Doüay; parce que les Iesuites l'ont fait retrancher dans l'edition d'Anuers, pour eluder l'ordonnance du Conseil de Brabant, qui auoit fait censurer cette doctrine par la Faculté de Louuain.*

Vnde licebit Clerico vel Religioso calumniatorem grauia crimina de se vel suâ Religione spargere minantem occidere, quando alius defendendi modus non suppetat, vti suppetere non videtur, si calumniator sit paratus ea vel ipsi Religioso, vel eius Religioni publicè ac coram grauissimis viris impingere, nisi occidatur. Nam si in tali casu licitum est Religioso, ne ipse occidatur inuasorem priùs occidere, si fugâ non possit, quia nimirum hostem ante se habet, mortem euadere; licitum quoque eidem erit ad vitandam grauissimam sui suæque Religionis infamiam, si alius modus non suppetat, calumniatorem occidere. Nam quo jure licitum est sæculari in tali casu calumniatorem occidere, eodem jure licitum videtur Clerico ac Religioso, cùm in hoc Religiosus & sæcularis sint omnino pares, cùm non minùs jus in talem honorem habeat Clericus & Religiosus, quàm sæcularis in suum: imò majus, quantò maior est professio sapientiæ & virtutis, ex quâ hic honor Clerico & Religioso progignitur, quàm sit valor & dexteritas armorum ex quâ honor sæculari nascitur. Adde quod vt seq. sectione probabitur, licitum est Clericis ac Religiosis in tutelam suarum facultatum furem occidere, si alius modus eas defendendi non supersit: ergo multò magis id licitum videtur in tutelam famæ & honoris ex virtute & sapientiâ consurgentis. Verùm quoniam hæc apud alios scripta non legimus, nolumus ita à nobis dicta sint, vt cōmuni sententiæ aduersentur, sed solùm disputandi gratiâ proposita, maturo judicio relicto penes prudentē lectorem.

## VIII.

### *La doctrine du P. l'Amy, qui donne permission à vn Religieux de tuer celuy qui menace de le calomnier, soutenuë par* CARAMVEL, *comme estant le seul veritable sentiment sur ce sujet, & le contraire n'estant pas seulement probable. Theol. Fundam. Fund. 55. §. 6. p. 544.*

Quæritur vtrum doctrina Petri Nauarræ, Sayri, & Francisci Amici quæ allegatur, sit aliquâ censurâ digna? Et ego addo eamdem esse etiam *Gordoni* de Restit. qu. 4. c. 1. n. 7. *Sancij* in selectis disp. 46. num. 8. & aliorum etiam apud ipsos. Et vicissim interrogo, vtrum allegari vnus possit Theologus qui in terminis Amico contradicat? Interrogo an Censor ipse qui Amici doctrinam condemnat, auderet in tribunali confessionis jubere (jubere dico, non consulere) opinionem contrariam? DOCTRINAM AMICI SOLAM ESSE VERAM, ET OPPOSITAM IMPROBABILEM CENSEMVS OMNES DOCTI: Si qui enim videntur contradicere, mutant casum, & circumstantias alterant, non autem directè opponuntur.

## IX.

### *Qu'il est douteux si vn Religieux ayant abusé d'vne femme ne la peut point tuer, quand elle publie ce qui est arriué.*

CARAMVEL *ibid.* §. 7. *p.* 551.

Legisti hanc doctrinam, & inquiris: An homo Religiosus qui fragilitati cedens fœminam vilem cognouit, quæ honori ducens se prostituisse tanto viro, rem enarrat, & eumdem infamat, possit illam occidere?

QVID SCIO? At audiui ab eximio Patre N. S. Theologiæ Doctore magni ingenij & doctrinæ viro [Potuisset Amicus hanc resolutionem omisisse: AT SEMEL IMPRESSAM DEBET ILLAM TVERI, ET NOS EAMDEM DEFENDERE; doctrina quidem est probabilis, sed quâ posset vti Religiosus, & pellicem occidere, ne se infamaret, &c.] tu rem accuratè perpende.

## X.

### *Que comme on peut defendre son honneur en imposant vn faux crime à celuy qui le veut rauir; on le peut aussi en le tuant.*

CARAMVEL *Theol. Fundam. Fund.* 55. §. 6. *p.* 550.

Hæc omnino viderentur sufficere, sed volo adhuc breuiter vnicam instantiam adjungere. Sic discurro. Conformius rationi videtur honorem defendere gladio, quàm mendacio; generosius & sanctius famam defendere occidendo aggressorem, quàm ei falsum testimonium imponendo, cum moderamine tutelæ (id enim semper subintelligitur) at non esse mortale peccatum hoc vltimum, probabile est; ergo illud prius. Majorem probo, quia homicidium ex naturâ suâ malum non est, multi enim interimuntur iustè : & mendacium ita malum est, vt nec diuinitus dispensari aut cohonestari possit, in omnium Thomistarum sententiâ, imò etiam in opinione Scotistarum plurium, qui putant posse Deum dispensare in aliquibus præceptis Decalogi. Probo minorem etiam, videlicet esse probabile non peccare mortaliter qui imponit falsum testimonium alicui vt suam justitiam & honorem defendat : quia illud est probabile quod asseritur à viris doctis probisque, & hæc doctrina habet pro se viginti aut plures viros magnos & doctos, qui si dicantur non sufficere, vix vlla erit opinio probabilis in Theologiâ. Vide Gasparum Hurtadum disp. 4. de reo diffic. 1. Dicastillum de Iust. l. 2. tract. 2. disp. 12. part. 4. dub. 2. n. 404. Dianam part. 9. tract. 8. resol. 43. p. 356.

## XI.

## *Qu'il est permis selon les vns dans la speculation, & selon les autres dans la pratique mesme, de tuer celuy qui a donné vn soufflet, quoy qu'il s'enfuïe.*

LESSIVS *de Iust. & Iur. lib. 2. c. 9. dub. 11. n. 79.*

Tertiò si illatâ alicui alapâ cesses vel etiam fugias, multi Doctores censent in hoc casu si vir nobilis vel honoratus huiusmodi iniuriâ sit affectus, posse statim repercutere, vel fugientem insequi, & tantum infligere verberum vel vulnerum, quantum putatur necessarium ad honorem recuperandum. Ita tenet Nauar. c. 15. n. 4. Henr. de irregularitate c. 10. vbi citat multos pro hâc sententiâ, inter cæteros Iasonem, Cordubam, Mantium, Pennam, Clarum, Caietan. & Anton. Eamdem docet Pet. Nauar. l. 2. c. 3. n. 380. & citat pro hâc sententiâ Mercatum. Idem tenet Victoria relect. de Iure belli n. 5. vbi dicit eum qui colaphum accepit, posse statim repercutere etiam gladio, non ad sumendam vindictam, sed ad vitandam infamiam & ignominiam, etiam si inuasor non esset vlteriùs progressurus. Vnde sequitur si ille fugiat, posse læsum statim insequi & percutere. Si enim potest repercutere manentem, cur non fugientem ?

Probari potest hæc sententia 1. Qui rem meam accepit, & cum eâ fugit, potest à me percuti vt eam relinquat, vel reddat, si aliter nequit recuperari : atqui is qui illatâ graui ignominiâ fugit, honorem meum secum quodammodò defert ; nam in potestate illius est eum mihi restituere offerendo satisfactionem : ergo possum illum percutere vt honorem meum restituat, vel saltem vt eum sic recuperem.

Dices : est dispar ratio ; nam res adhuc extat & manet tua, sed contumeliâ illatâ honor jam periit : ergo hîc non est defensio. Respondeo : In eo est paritas, quòd sicut res potest recuperari, ita etiam honor, qui in signis excellentiæ & hominum æstimatione consistit.

2. Probatur ; quia si damnum à te rebus meis illatum non posset aliâ ratione sarciri, quàm tui percussione, posses statim percuti, vt illo modo fiat damni reparatio : ergo si violato honore non potest fieri aliter reparatio, quàm si feriatur is qui eum læsit, poterit feriri. Debet autem hoc fieri in continenti, dum adhuc læsio honoris veluti pendet, suspensis hominum de tuâ fortitudine & generositate judiciis.

3. Quia aliàs dabitur licentia improbis quoduis genus contumeliæ in quemuis ingerendi; nam solâ fugâ vel cessatione tuti erunt, præsertim quando desunt testes qui eos norint, vel quando non morantur in eodem loco.

Hîc tamen aduerte, si læsor veniam petat, offendi non posse ; quia quantum in se est, honorem restituit. Vnde si alter velit ipsum impetere, poterit se tueri, vt rectè notat Petr. Nauarra.

80. Ob has rationes hæc sententia est speculatiuè probabilis, tamen in praxi non videtur facilè permittenda. 1. ob periculum odij, vindictæ, & excessus. Si enim D. August. ob has causas ægrè admittit, vt quis pro vitâ tuendâ alterum possit occidere, quantò minùs in tali casu ob tuendum honorem concederet ? 2. ob periculum pugnarum & cædium : vnde qui tali casu occideret, puniretur in foro externo, vt docet Gomez supra n. 24. etsi mitiùs ; tum quia alter dedit causam ; tum quia homo intenso dolore permotus, non est omnino sui cõpos.

Idem docent REGINALDVS *in praxi l. 21. n. 62.*

FILIVCIVS *Tract. 29. c. 3. n. 51.*

LAYMAN *l. 3. Tr. 3. par. 3. c. 3. n. 3.*

ESCOBAR *Mor. Theol. Tr. 1. Exam. 7. cap. 3. Praxis.*

48. An liceat post impactam alapam percutientem insequi & interimere? Aliqui negant, quia id esset injuriam vindicare, non defendere. At *Lessius* lib. 2. c. 9. dub. 11. n. 80. licere existimat speculatiuè, sed in praxi non consulendum ob periculum odij, vindictæ, & excessuum pugnarum, & cædium in Reipublicæ perniciem. Alij seclusis his periculis in praxi probabilem & tutam iudicarunt. Henriquez lib. 4. c. 10. num. 3. Ratio est, quia quamdiu

damnum illatum manet in suspenso, semper est locus defensionis, vt patet in eo qui furem insequitur fugientem ad recuperandum ablatum. Nam quamuis honor non sit apud percussorem, sicut ablata res apud furem, potest tamen non secus ac res furtiua recuperari, ostendendo signa excellentiæ & æstimationem apud homines captando. An non alapâ percussus censetur tamdiu honore priuatus, quamdiu aduersarium non interimit?

CARAMVEL *Theol. Fundam. Fund.* 55. §. 8. *p.* 551.

An licitum sit fugientem insequi ad recuperandum honorem propter acceptam alapam vel fustem, illumque vulnerare & repercutere?

Hanc quæstionem doctissimè & eruditissimè pertractat *Diana* part. 8. tract. 7 resol. 48. & adducit Patrem *Dicastillum* qui de Iust. & Iur. l. 2. tract. 1. disp. 10. dub. 6. n. 74. affirmatiuam partem iudicat speculatiuè esse probabilem P. Gasparem *Hurtadum* qui tract. de Iust. & Iur. disp. 11. diff. 11. mordicus eamdem propugnat & ait: [ *Victoria* Relect. de jure belli *n.* 5. *Nauarrus* c. 15 n. 4. *Rodriguez* c. 136. n. 11. *Mercadus* in sum. l. 6. *Lopez* 1. part. c. 61. *Henriquez* de irreg. c. 10 & Petr. *Nauarra* l. 2. c. 5. n. 380. docent id esse licitum percusso, quãtum sit necessarium vt percussus non maneat ignominia affectus, quod etiam sensit *Bonacina* de restit. disp. 2. qu. vlt. sect. 1. punct. 10. & meritò, quia statim repercutere sit in actuali ipsâ congressione, antequam inuasor ad alia diuertatur, aut jam alibi quietus existat; quia adhuc saltem moraliter, &c. & honor nondum est saltem *moraliter in facto esse amissus*, sed tantùm est amissio illius *in fieri*, & inchoatio amissionis, & repercussione amissio honoris non perficitur; quia eâ percussione impeditur ne sit in facto esse. Ergo id est licitum percusso ] Hanc sententiam probabilem vocat Diana part. 8. Tr. 7. resol. 48. nam contrariam dicit esse satis probabilem, & semper in praxi consulendam. Non volo examinare vtrum hæc opinio sit probabilis. Malo enim id supponere. Quis enim probabilitatem extrinsecam negaturus erit sententiæ tanto & tantorum scriptorum numero stabilitæ? Quis intrinsecam tantis rationibus firmatæ? Sed infero: *Ergo qui fecerit quod hæc opinio esse licitum docet, non operabitur suadente diabolo, nec poterit probabiliter dici culpam mortalem commisisse.*

## XII.

*Qu'on peut tuer vn faux accusateur, & mesme les tesmoins, & le Iuge, qu'on ne peut empescher autrement d'opprimer vn innocent.*

TANNERVS *To.* 3. *disp.* 4. *q.* 8. *d.* 4. *n.* 83.

Assertio VII. Licitum est etiam præuenire injustum aggressorem, si & alia via commoda defensionis non suppetat, & is jam actualiter in culpâ, seu proposito aggressionis injustæ versetur; secùs si sit adhuc innocens. Ita post *Anton. Caiet. Sotum, Nauarrum, Couar.* docent *Valentia* q. 17. pun. 1. *Bannez* hîc q. 64. a. 7. Sa. v. homicidium. Ratio, quia primo casu est vera defensio, non item secundo.

*Sotus* tamen & *Lessius* dub. 12. excipiunt Iudicem & testes mortem alicui per iniuriam machinantes in judicio: quod de foro conscientiæ loquendo rectè improbat *Sa, Petrus Nauarr. Bannes a.* 7. dub. 4.

SANCHEZ *oper. Moral. in Decal. l.* 2. *c.* 39. *n.* 7.

Dubium autem est, an liceat innocenti id duellum acceptare siue offerre, quando certum est fore vt actor per fraudem in judicium ipsum opprimat, & eius injustam condemnationem impetret? Quidam neutrum licere aïunt; quòd sui defensor ille solus dicatur, qui inuitus ad pugnam ab aggressore cogitur. At hic etiam ad duellum prouocatus id sponte acceptat. Quamobrem non tamquam sui defensor excusandus est, sed tamquam inuasor condemnandus. Ita docent Abulensis 1. Reg. c 17. q. vlt. *Salon.* 2. 2. q. 64. a. 3. Controu. 3.

Aliis placet licere quando certum est innocentem damnandum ad mortem mutilationemve; secùs in aliis casibus.... Sed meliùs alij dicunt licere huic innocenti duellum ad vitam, honorem, & res familiares in notabili quantitate tuenda, quando constat omninò iniustè & per calumniam actorem procedere; & certum omnino est fore vt innocens hæc amittat, nec aliud sibi euadendi remedium suppetat. Quia si hoc duellum rationem defensionis cum moderamine inculpatæ tutelæ induit (vt Doctores secundæ sententiæ fatentur) ea defensio contra inuasorem est licita, & pro vita, & pro honore, & pro rebus etiam tuendis. Et ita hanc sententiam tenent *Bannez* 2. 2. q. 64. a. 7. dub. 4. in corpore, & in solutione ad 2. *Manuel* 1. Tomo Summæ in 2. Edit. c. 73. n. 1. *Nauarra* lib. 2. de restit. c. 3. in 2. part. d. 13. in noua editione n. 289. & 290. vbi meritò rejicit limitationem Caietani petentis consensum Principis. Nam defensio jure ipso naturali absque alicuius licentia conceditur. Atque optimè *Bannes* ait, licere innocenti in his casibus acceptare & offerre duellum ob rationem traditam: *imò & non prouocando ad duellum, interficere occultè actorem illum calumniosum.*

Cùm hæc occisio sit vera defensio. Imo benè *Nauarra* eo num. 290. ait, teneri innocentem non acceptare duellum, nec indicere, si potest OCCVLTE ILLVM OCCIDENDO id vitæ, honoris, rerum familiarium periculum euadere. Quippe sic proprium vitæ periculum in duello imminens vitabit, & peccatum actoris offerentis, aut acceptantis duellum.

## XIII.

*Qu'on peut procurer l'auortement auant que le fruit soit animé, pour sauuer la vie & l'honneur d'vne fille.*

ÆGIDIVS TRVLLENCH *in Decal. Tom. 5. lib. 5. c. 1. dub. 4. n. 1. Et* QVIDAM THEOLOGVS SOC. IESV. *apud Dianam Part. 6. Tract. 8. Resol. 37*

Aliqui existimant, si aliud non suppetat remedium licere procurare abortum fœtus, tamen inanimati, ad euitandum periculum vitæ & infamiæ puellæ prægnantis, sicut diximus licere ad euitandam mortem naturalem. Hæc autem opinio non omnino placet Dianæ, & meritò quidem, non tamen videtur improbabilis. Ita *Trullench*.

Et tamen non desinam hîc adnotare quod consultus de hoc casu à viro nobili & fide digno, testatus est mihi *doctissimum Theologum Societatis Iesu*, quem ego scio respondisse, vt supradictum est, licitum esse pro saluanda vita & honore puellæ prægnantis, procurare eius abortum ante fœtus animationem. Sed adhuc ego non discedo à sententia negatiua.

## XIV.

*Qu'on peut tuer celuy qui nous donne vn démenty, ou qui nous dit des injures.*

ESCOBAR *Theol. Mor. Tr. 1. Exam. 7. c. 3. Praxis.*

49. Num liceat contumeliosum seu profantem, *Mentiris*, honorato viro, internecare? Negat *Azorius* tom. 3. l. 2. c. 1. q. 17. quia verbales injuriæ verbis possunt repelli. At *Baldellus* l. 3. dub. 24. num. 24. putat licitum esse occidere contumeliosum, sed in casu quo aliter arceri non potest, ne detur licentia improbitati optimos viros contumeliis afficiendi quàm facta acerbioribus

REGINALDVS *l. 21. c. 5. n. 60.*

De 2. difficultate, quod pro defensione honoris si is sit notabilis momenti, licitum sit debito moderamine seruato occidere aggressorem, eum-ve qui illum aufert, sentiunt *Sotus* in præc. a. 8. versus finem, & *Nauar.* in Enchir. c. 15. n. 3. ac *Sylu.* in verbo homicidium 1. q. 2. v. 5. quos sequitur *Petrus à Nauarra* in l. 2. de restit. c. 3. n. 370. vt & *Molina* de Iust. & Iure Tract. 3. disp. 17. Ratio verò est, quia si, vt ostendetur in explicatione sequentis difficultatis, tale quid licet ad defensionem rerum propriarum, quæ bona sunt inferiora honore, iuxta illud Prouerb. 22. *Melius est nomen bonum quàm diuitiæ multæ*, multò magis licebit ad defensionem proprij honoris, seu depulsionem contumeliæ, ac liberationem ignominiæ, quando nulla alia ratio suppetit. Et confirmatur, quia daretur alioqui licentia improbis optimos quosque vexandi contumeliis, quæ acerbiores sunt, magísque mordent animos, quàm damna rei familiaris .... Neque verò, vt Petr. ipse *à Nauarra* consequenter addit, refert an quis honorem auferre moliatur armis, an linguâ & detractione. Adde & an baculo vel alapâ: an verò contumeliosis aliquibus signis.... Aduerte quoque ista omnia accipi debere cum eâ moderatione quæ habetur *in sequenti n. 63. vers. Cæterùm, id est*, non videri id in praxi FACILE permittendum ob periculum odij, vindictæ, excessus, pugnarum, & cædium in reipublicæ perniciem, quam semper vitare oportet in vsu defensionis.

## XV.

*Qu'on peut tuer celuy qui nous emporte nostre bien, lors mesme qu'il s'enfuit, pourueu que la chose soit de prix.*

LESSIVS *de Iust. & Iure l. 2. c. 9. dub. 11. n. 66. & 72.*

Licet occidere furem in defensionem suarum facultatum, si illæ facultates sint magni momenti, nec sit probabilis spes aliter eas recuperandi.

68. Dixi in propositione, si res illæ sint magni momenti; quia pro re minimâ non videtur concessum jus defensionis cum tanto alterius malo. Etenim valde iniquum, vt pro pomo, vel etiam pro vno aureo seruando alicui vita auferatur, si tamen tibi verteretur probro nisi rem furi extorqueas, posses conari, & si opus esset etiam occidere iuxta Sotum. Tunc enim non tam rei, quàm honoris esset defensio.

70. Idem dicendum quando in iudicio non potest nisi magnis molestiis recuperari.

74. 2. Si re acceptâ fugias, tunc possum insequi & ferire, vel si necesse sit, eminus telo petere, vt si quis equo meo fugiat. Ita *Sotus* supra a. 8. Syluest. v. bellum 2. n. 3. & 10. & alij passim.

ESCOBAR *Theol. Mor. Tr. 1. Ex 7 c. 3. Praxis.*

44. Quæsierim quanti valoris debeat esse res pro cujus conseruatione possum furem occidere? Non debet esse res parua, nisi vt defendat fur rem paruam, velit repetentem inuadere, vel res parui momenti in se, magna sit in virtute v. g. lapis medicus, vel tolleretur cum injuriâ. *Lessius* lib. 2. c. 9. dub. 11. num. 68. Regulariter autem *Molina* tom. 4. de Iust. tract. 3. dub. 16. num. 7. vnum aureum assignat.

## XVI.

### *Qu'il est permis en des occasions d'accepter le duel.*

ESCOBAR *Theol. Mor. Tr. 1. Exam. 7. c. 3. Praxis.*

96. Potestne vir nobilis acceptare duellum in nobilitatis defensionem? Potest si ex illius recusatione honorem aut munia publica esset amissurus. v.g objicit quis viro nobili innocenti crimen dignum amissione nobilitatis & munerum, quod nisi ille duellum acceptet, probatum censebitur. Ratio est, quia in tali casu acceptatio duelli ad tuendam nobilitatem & munia, medium est vnicum. *Petrus Hurtado* 2. 2 d. 170. sect. 8. §. 76.

97. Accusator injustus me calumniis afficit, morti addicit, licitumne eum ad certamen prouocare? Ita quidem, si non est alia via iniustæ mortis euadendæ; quia huiusmodi prouocatio locum habet inculpatæ tutelæ. Nihil enim refert quod accusator non per se, sed per judicem aggrediatur. Ita *Hurtado* sect. 9. §. 82. Addit *Sanchez* Sum. to. 1. l. 2. q. 39. num. 7. TALI IN CASV LICERE ACCVSATOREM OCCVLTE OCCIDERE.

98. An duellum possit acceptari in temporalium bonorum defensionem? Potest, si non adest alia via tuendi, siue duellum purgatiuum sit, siue non purgatiuum, quia vnusquisque habet jus sua bona tuendi, etiam cum inimici internecione. Adhuc *Hurtado de Mendoza* sect. 8. §. 77.

LAYMAN *lib. 3. Tom. 3. Par. 3. c. 3. n. 2. & 3.*

Ordinariè non est licitum prouocato ad duellum id acceptare. Dixi autem ordinariè. Nam si rarissimo casu eo loco res sita sit vt miles in exercitu, vir equestris in aulâ regiâ, officio, dignitate, Ducis aut Principis fauore, ob ignauiæ suspicionem excidere debeat, prouocanti se sistat. Non audeo damnare eum qui meræ defensionis gratiâ pariierit, iuxta doctrinam Nauar. c. 15. n. 3. & 4. Idemque sentiendum, si ad pugnam lacessens alterum, crebra conuitia & contumelias adiiciat, quâ ille molestiâ & subeundo dedecore aliter liberare se non possit, nisi armis congrediatur. Nam si ob defensionem bonorum hominem mutilare vel occidere fas est, multò magis si ita necesse sit ad defendendum honorem vel auertendam contumeliam: quandoquidem honor pluris valet quàm fortunæ bona, & injuria personæ maior est quàm fortunarum damnum, vt annotauit *Nauar.* cit. n. 3. & *Abb.* in cit. c. olim n 17. Dummodò spes sit contra injustum aduersarium præualendi.

HVRTADO DE MENDOZA *in 2. 2. disp. 170. sect. 9. §. 82. apud* DIANAM *part 5. tr 13. resol. 16. sic ait.*

Licitum est offerre certamen ei qui mihi molitur jam mortem injustam. v.g. Antonius mihi falsum crimen obiecit, neque habeo probabilem spem illum destitutum à cæteris diligentiis, sed potiùs timorem moraliter certum illas ab eo adhibendas. Item expectare vt me ille prouocet, est mihi multò periculosius; nec possum aliter certam mortem effugere. In hoc casu dico licitam esse prouocationem,

Idem HVRTADO DE MENDOZA, referente DIANA *Part. 5. Tr. 14 Miscellan. 2. Resol. 99.*

Casum excogitauit qui facilè potest euenire in praxim doctus Hurtadus de Mendoza in 2. 2. to. 2. dis. 170. sect. 13 § 106. vbi sic ait: Pone hominem nobilem ab alio prouocari ad duellum, qui si illud recuset, non censebitur illud recusare propter legem Dei, sed propter timiditatem; quia non bene audit de obseruatione legis; quia se facilè proiicit in alia peccata, vel certè aliâ ex causâ censebitur timidus, & ab aliis despicietur, apud quos semper erit inglorius, ex quo non leuia damna & incommoda sequerentur.

Est igitur quæstio vtrum in hoc casu possit prouocatus exire in locum condictum, non cum absolutâ voluntate pugnandi, sed cum conditionatâ, si à prouocatore priùs petatur iniustè. Prouocati autem absolutè voluntas est tueri opinionem viri fortis, & depellere infamiam timiditatis; quæ obiecta per se sunt honesta, necessaria viro nobili ad degendam vitam decorè inter suos, præcipuè militi, qui ab exercitu censebitur esse gallina & non vir: media autem quæ elegit ad hunc finem sunt indifferentia ad bonum & malum, nempe egredi in agrum & in eo inambulare, quæ media honestantur ab eo fine. Hæc absolutè vult prouocatus. Pugnare autem non vult. Si ab alio petatur iniustè, vult sub eâ conditione se inculpatè tueri armis, si aliâ ratione commodè non possit. In hac occasione videtur prouocatus minimè peccare neque acceptare duellum; quia acceptatio duelli est voluntas deliberata seu absoluta,

quâ

quâ iste homo caret Item omnia quæ vult absolutè sunt licita ex se. Finis item amatur licitè, quia nihil mali eligitur neque ex parte finis, neque ex parte mediorum ; quia hæc sunt egressus in agrum, & in eo inambulatio : quæ autem amantur conditionatè, sunt etiam honesta. Amat enim sub conditione defensionem inculpatam per cædem aggressoris iniusti, quando sit medium vnicum ad propulsandam violentiam iniustam. Solùm potest esse difficultas, quia prouocatus videtur esse prouocatori causa ruinæ ; quia cùm prouocatum viderit in agro, illum aggredietur iniustè, quod non faceret prouocato non comparente . ..

Hæc omnia Hurtadus vbi supra, qui per alios § subsequentes vsque ad 15 conatur hanc sententiam mordicus probare Verùm in fine asserit hanc sententiam esse speculatiuè probabilem, practicè autem esse valde difficilem. Et tu ne deseras omnino communem sententiam.

## XVII.

### *Que ce n'est point simonie de donner ou de receuoir vn bien temporel pour vn spirituel, lors qu'il n'est donné que comme motif, & non comme prix.*

GREGORIVS A VALENTIA *To. 3. disp. 6 q. 16 pun. 3 p. 2039. & seq.*
Dicendum est conuenienter doctrinæ communi hos modos ( quibus contingit spirituale dari pro temporali, & è contrario, sine simoniâ ) esse duos : primus est, quando temporale est dumtaxat *motiuum* conferendi vel efficiendi spirituale, aut è contrario. Secundus est, quando per temporale fit solum *compensatio gratuita* pro spirituali, aut è contrario. His modis cùm spirituale datur pro temporali, vel è contrario, vitatur simonia.....

Secundò etiam patet non esse Simoniacum, siquis obsequium aut ALIQVOD MVNVS TEMPORALE Episcopo impendat, spe consequendi ab illo titulo gratitudinis aliquod beneficium spirituale, sicut Doctores communiter tradunt Nam similiter tunc spirituale non expectatur vt pretium obsequij, sed vt compensatio gratuita Item neque vicissim erit Simonia, si Episcopus vt se liberet ab obligatione gratuitâ, siue antidorali, quâ tenetur propter acceptum obsequium ab aliquo, conferat ei beneficium spirituale.....

Breuiter tamen ex probabiliori sententiâ Doctorum, quos posteà citabimus, videtur respondendum, in foro quidem conscientiæ has & similes circumstantias ( nempe quod spirituale detur principaliter propter temporale, quòd interueniat pactum ) non efficere simoniam, nisi quatenus interdum efficiunt vt temporale sit pretium spiritualis, vel è contrario; atque adeò vt temporale non sit dumtaxat motiuum, aut gratuita compensatio spiritualis, vel è contrario. Hoc satis patet ex dictis in quæstione præcedenti huius puncti. Nam ad Simoniam requiritur vt interueniat pretium, sicut ex sententiâ communi rectè docet Syluester V. Simonia q 3 reg. 3. & Caiet. in Sum V. Simonia, & Nauar in Man. c. 23 n. 100 in fine, & alij communiter Sed non obstantibus dictis circumstantiis fieri potest, vt temporale non sit pretium spiritualis, aut è contrario, hoc est, vt non ita detur aut fiat vnum propter alterum, quasi tanti vnum æstimetur quanti alterum . . .

Dupliciter potest quis conferre spirituale propter temporale principaliter, tamquam propter finem. Vno modo ita vt temporale sit apud eum finis non modò voluntatis & applicationis animi ad actum conferendi spirituale, sed etiam ipsius spiritualis ; si videlicet illud temporale æstimet pluris non modò quàm actum conferendi hîc & nunc spirituale, sed etiam quàm ipsum spirituale quod confert ; & tunc omninò committit talis Simoniam. Nam hoc ipso quòd pluris æstimat temporale quàm spirituale, æstimat etiam illud tanti quanti spirituale, siquidem æstimat illud etiam pluris, atque adeò tanti quoque ; & eo ipso spirituale pro temporali tamquam pro pretio venditur, in quo consistit peruersitas Simoniæ ...

Altero modo potest quis conferre spirituale propter temporale principaliter, tamquam propter finem, ita vt temporale apud eum non sit etiam finis ipsius rei spiritualis, quasi temporale pluris ab eo quàm spirituale æstimetur, sed tantummodò voluntatis siue applicationis animi ad actum conferendi spirituale ; & hoc non est Simonia. Nam tunc non propterea vel tanti vel pluris æstimatur temporale, atque spirituale.

ESCOBAR *Mor Theol Tract 6. Exam. 2. c 6. Praxis ex Societatis Iesu Doctoribus n. 40.*
Temporale datur non tanquam pretium rei spiritualis, sed vel ante collationem ad excitandum animum Collatoris, vel posteà gratitudinis ergo, an Simonia ? Sanchez opusc. tom. 2. lib. 2. cap 3. dub. 23 num. 7. & 8. negat.

MILHARD *Guide des Curez chap. 63. Inst. 1 n. 2*
2. Iamais l'on ne peut former le peché de Simonie, sinon lors seulement qu'on entendroit acheter vne chose spirituelle, entendant bailler l'argent comme juste prix d'icelle : tellement que celuy qui n'entendroit le bailler pour prix ; croyant comme telles choses spirituelles ne peuuent estre appretiées, vendües, ny achetées, il ne pecheroit ny mortellement ny

veniellement. Ce temporel donc se peut offrir comme cause motiue, & vn moyen de pouuoir obtenir vn benefice ecclesiastique. Voicy comme vn tres celebre Theologien ( c'est à sçauoir Valent. 3 to.disp. 6.q. 16. pu.n. 3.) preuue ce que nous venons de dire. *Vt transactio aliqua sit Simoniaca, oportet temporale esse pretium spiritualis rei, vel è contrario. Sed quando aliquo modo ex prædictis datur spirituale pro temporali, vel è contrario, non datur vnum pro altero tanquam pro pretio: ergo, &c. Major patet ex definitione Simoniæ. Nam vbi non interuenit pretium non est emptio & venditio, & consequenter neque Simonia. Minor probatur. Nam spirituale dari pro temporali tanquam pro pretio, aut è contrario, est spirituale commutari pro temporali tanquam pro æquali ( secundum peruersam nimirum æstimationem ) id est tanquam pro eo, quod peruersè & impiè tanti sit quanti spirituale. Spirituale autem dari pro temporali tanquam pro motiuo, aut è contrario, est solùm ex affectu vel inclinatione ad aliquid temporale, aut è contrario; quod satis patet accidere posse, quamuis non æqualiter æstimetur temporale & spirituale. Neque enim semper tanti facimus illud ex quo mouetur ad operandum, quanti ipsum opus.*

3. Et n'importe que l'intention ou fin d'obtenir la chose spirituelle ou le benefice, soit seconde ou principale : à la charge tousiours qu'on ne pretende bailler le temporel pour le prix de l'espirituel, estimant qu'iceluy temporel se puisse donner pour iuste compensation du spirituel ; ains que ce temporel soit baillé comme vn moyen ou cause impulsiue d'obtenir le spirituel, laquelle fin se peut pretendre sans viser ny entendre d'aprecier ou égaliser iceluy temporel auec le spirituel, comme estant deux choses toutes diuerses & separées en l'intention, ores que ce soit sur vn mesme sujet. VALENTIA ib. *Potest enim quis conferre spirituale propter temporale principaliter tanquam propter finem, ita vt temporale apud eum non sit etiam finis ipsius rei spiritualis ( quasi temporale pluris ab eo quàm spirituale æstimetur) sed tantummodò voluntatis siue applicationis animi ad actum conferendi spirituale ; & hoc non est Simonia. Nam tunc non propterea vel tanti, vel pluris æstimatur temporale atque spirituale.*

4. L'on peut encore sans encourir Simonie ny peché aucun, donner quelque chose temporelle pour vne spirituelle par vne voye de gratification ou reconnoissance, pour vn benefice ecclesiastique qu'on aura receu de quelqu'vn, ou qu'on pense le receuoir : de laquelle gratification temporelle on peut conuenir & pactiser deuant que prendre le benefice, pour aprés la faire entretenir & obseruer. *Potest ( inquit* VALENTIA *) pactum fieri, ita vt petatur promissio temporalis eodem prorsus titulo conferendi, quo licitum est ipsum temporale recipere & dare pro spirituali, videlicet tanquam gratificationem quamdam cujusdam officij, quod secundum communem quidem rationem officij consideratum, meretur etiam ex justitiâ recompensationem; & consideratum etiam vt officium spirituale, meretur remunerationem gratuitam : & sic de temporali pro spirituali pacisci in foro conscientiæ licitum est.*

## XVIII.

## *Que ce n'est point Simonie d'obtenir vn benefice en promettant de l'argent, lors qu'on n'a pas dessein de le payer.*

ESCOBAR *Moral. Theol. Tr. 6. Exam. 2. c 2. n. 14.*

Simonia ficta committitur, dum quis exteriùs rem spiritualem pro temporali promittit, vel rem temporalem pro spirituali, absque animo tradendi, & se obligandi ad rem ipsam tradendam : & hæc non est verè simonia, sicut fictum aurum non est aurum.

## XIX.

## *Qu'vn deuin est obligé de rendre ce qu'il a receu pour deuiner, s'il n'a consulté que les astres : mais qu'il n'y est pas obligé s'il a consulté le diable.*

SANCHEZ *Sum. Casuum l. 2. c. 38. n. 96.*

Quod si loquamur de pretio accepto pro hoc judicio ferendo, Gratianus c. Qui habetis 14. q. 5. docet pauperibus restituendum tanquam turpe lucrum. Sed distinguendum est sic. Si nullam operam apposuit vt arte diaboli id sciret astrologus ille, quod nullo alio pacto sciri potuit, siue effectus euenerit siue non, tenetur pretium restituere danti, quia nullam diligentiam adhibuit, sed casu effectus euenit, aut non euenit. At pecunia datur propter operam ab illo impensam, & quidem vtilem ad effectum consequendum, sicut si medicinæ prorsus ignarus aut inutilia ægro applicaret, teneretur pretium curationis ægro restituere, quamuis casu liber à morbo euaserit. Et quamuis consulens astrologum in eâ re deliquerit, offerens pretium pro re turpi, verior sententia habet restituendum ipsi donec per sententiam condemnetur, vt id pretium amittat. Si verò astrologus ille vel diuinator operam suam apposuit, & arte diaboli res ita euenit, non tenetur pretium restituere ; quia ipse suam operam etsi turpem apposuit, & acceptum pro opere turpi non est obnoxium restitutioni, iuxta veriorem sententiam. Atque hæc omnia docent *Nauarra* ibid. n. 163. & 164. & Manuel. 1. Summæ 2. editione c. 7. n. 4. *Salas* 1. 2. q. 9. a. 5. tr. 5. disp. 2. sect. 8. n. 79 fine Adduntque indistinctè teneri pretium restituere, quando res non ita euenit; sed non credo quando ipse diligentiam adhibuit arte diaboli ad eum effectum necessariam Sicut medicus quando juxta artis præcepta medicatus est, non tenetur pretium restituere ægro pereunti; quia ea diligentia à mago illo apposita est pretio æstimabilis. Nec in hoc casu tenetur damna & expensas consulenti restituere, sed tantùm quando nullam operam impendit, aut eius diabolicæ artis ignarus erat. Et ita limitandum est quod n. præced. diximus; quia quando operam suam impendit, non decepit.

## XX.

*Qu'on n'est point obligé ny selon le droit de nature, ny selon les loix, de rendre ce qu'on a receu pour donner vne Sentence injuste, ou pour commettre vn assassinat, ou vn adultere, mais qu'on le peut retenir.*

LESSIVS *de Iust. l.* 2. *c.* 14. *d.* 8. *n.* 52.

Dico 1. Si solum jus naturæ spectetur, acceptum ob turpem causam, seu propter opus quod est peccatum opere impleto, non necessariò est restituendum, siue illud opus sit contra justitiam, siue non. 1. Quia etsi opus malum pro quo dedit, non sit æstimabile pretio quà malum, tamen quà delectabile vel vtile vni, & alteri detrimentosum, periculosum, laboriosum, inter homines pretio æstimatur: ergo quod hâc ratione pro eo est acceptum, non est restituendum; nisi fortè quis communem æstimationem excesserit: vt si meretrix quæ vsuram sui concedere solet vno aureo, ab aliquo juuene extorserit quinquaginta tanquam pretium. Hoc tamen locum non habet in eâ quæ putatur honesta, vt si matrona aliqua, vel filia centum aureos pro vsurâ corporis accipiat ab eo qui dare poterat, retinere potest. Nam tanti & pluris potest suam pudicitiam æstimare Res enim quæ certum pretium non habent, nec ad vitam sunt necessariæ, sed voluptatis causâ quæruntur, arbitrio venditoris possunt æstimari, vt probabiliter docet Petrus Nauarra & alij.

Notandum tamen est Couar. & Caiet excipere id quod acceptum est à Iudic vt iniustam sententiam ferat: hoc enim putant jure naturæ esse restituendum; quia injusta sententia & peruersio iudicij non est res vendibilis, sed hæc ratio non est firma, nulla enim est causa, cur magis debeat iure naturæ restitui quod acceptum fuerit pro iniquâ sententiâ, quàm quod pro iniquâ occisione; quod tamen etiam illorum iudicio non est necessariò restituendum.

Dico 2. Verius etiam videtur neque jure positiuo id necessariò restituendum.

Idem docent MOLINA *Disp.* 94. *&* 99.

REGINALDVS *lib.* 10. *n.* 184. 185. *&* 178.

FILLIVCIVS *Tr.* 31. *n.* 228. *&c.*

## XXI.

*Ouuerture que ces Casuistes donnent aux vols domestiques.*

Le P. BAVNY *Som. des pech. p.* 213. *&* 214. *edit.* 6.

Septiesme question. Si les valets qui se plaignent de leurs gages, les peuuent d'eux-mesmes croistre en se garnissant les mains d'autant de bien apartenant à leur maistre, comme ils s'imaginent en estre necessaire pour égaler lesdits gages à leurs peines?

Ils le peuuent en deux rencontres, & ce sans faute. Le premier est, quand ils n'ont conuenu du prix deü à leurs peines qu'auec condition, que si leurs maistres les reconnoissoient vtiles & profitables au bien de leurs affaires, ils l'iroient augmentant iusqu'à la somme que raison & justice demandent; & neantmoins lesdits maistres & maistresses n'en font rien: en ce cas là ne sont les seruiteurs & seruantes blâmables, qui font leurs mains des biens de leursdits maistres jusques à la concurrence de la somme requise à mettre egalité entr'eux & lesdits ausquels ils seruent, la recompense & leurs merites. Car ce dont ils se vont en tel cas saisissant, leur est veritablement deü, & se l'attribuant eux mesmes par leurs mains, ne font que ce à quoy leurs maistres estoient tenus en leur particulier.

L'autre occurrence, en laquelle ie croy les seruiteurs exempts de faute, [c'est] lors qu'ils s'accommodent de ce qui n'est à eux, mais à leurs maistres.

C'est quand ils se sont veus reduits au point auquel pour la necessité de leurs affaires ils ont esté contraints d'accepter toute telle condition que lesdits maistres ont voulu de peur de n'estre à la mendicité Car en ce cas lesdits valets ne cedent à leurs maistres le surplus du iuste prix de leurs trauaux, Donc comme ceux-cy ont l'obligation d'y satisfaire *vsque ad æquiualentiam*; ainsi s'ils y manquent, les seruiteurs & les seruantes ne manquent d'autorité de se pouruoir par leurs propres mains.

Il en faut excepter trois cas. Le 1. est lors que lesdits valets se prennent par pure misericorde, &c. Le 2. lors qu'ils se sont offerts d'eux-mesmes sans en estre requis, & ont esté receus à leurs poursuites & prieres, plustost que par necessité que l'on en eust. Le 3. est quand d'autres à mesmes charges, loix, & conditions accepteroient de faire les mesmes fonctions que font lesdits valets.

## XXII.

### *Qu'on n'est point obligé aux restitutions des dõmages qu'vn tiers a faits à nostre instãce.*

*Le P.* BAVNY *Som. des pech. p. 307. & 308. Edit. 6. qu. 10.*

Si l'on est obligé de restituer les domages qui seroient arriuez d'vne action qu'vn tiers auroit faite à nostre instance? Par exemple quelqu'vn priera vn soldat de fraper & de battre son voisin, ou de brusler la grange d'vn homme qui l'aura offensé: l'on demande si au defaut du soldat, l'autre qui l'a prié de faire tous ces outrages doit reparer du sien le mal qui en sera issu. Le disent Cajet. &c. Mon sentiment n'est pas le leur. Car à restituer nul n'est tenu s'il n'a violé la justice; le fait-on quand on se soumet à autruy, quand on le prie d'vne faueur? Quelques desirs que l'on aye de l'obtenir par son moyen, quelques demandes qu'on luy en fasse, il demeure tousiours libre de l'octroyer ou la nier: de quelque part qu'il incline, c'est la volonté qui l'y porte: rien ne l'y oblige que la bonté, que la douceur & facilité de son esprit. Si donc il ne repare le mal qu'il aura fait, s'il ne restitue les choses en leur premier estat, il n'y faudra astreindre celuy à la priere duquel il aura offensé l'innocent.

## XXIII.

### *Qu'on n'est point obligé sous peine de peché mortel à rendre la somme totale que l'on a dérobée par quantité de petits larcins.*

*Le P.* BAVNY *Som. des pech. pag. 120. Edit. 6.*

Il est fort probable que celuy *qui per vices pauca alicui est furatus, cum ad notabilem quantitatem peruenerit*, n'est obligé sous peine de dãnation eternelle à rien restituer..... La raison ne est forte. Car à reparer le tort dont on auroit esté la cause nul n'est tenu sous peine d'encourir la damnation eternelle, que quand à le faire l'on n'auroit peché que veniellement, d'autant que telle obligation n'est effet d'autre coulpe que mortelle. Or ces menus larcins qui se font à diuers jours & reprises à vn homme ou plusieurs, quelque grande que puisse estre la somme de laquelle on se seroit accommodé, ne seront iamais mortels. *Et consequenter*, dit Berarducius, *non parient obligationem restituendi, quia semper remanent in suâ naturâ venialia, ratione paruæ quantitatis.*

## XXIV.

### *Vsure palliée par ces Casuistes sous le nom de* Major *auquel ils imposent.*

*Le P.* BAVNY *Som. des pech. p. 331. & 332. Edit. 6.*

L'on n'obligeroit donc pas peu le monde si le garantissant de ces mauuais effets, & tout ensemble du peché qui en est cause, l'on luy donnoit le moyen de tirer autant, & à l'aduanture plus de profit de son argent par quelque bon & legitime employ, que l'on ne fait des vsures. C'est cela mesme auec quoy nous mettrons fin à ce Chapitre: la forme auec laquelle l'on estime que tous le peuuent faire sans peché en clorra le discours, & pour estre telle, il faut qu'elle aye les conditions qui s'ensuiuent.

La premiere, que l'on ne donne son argent qu'à ceux qui ont vn fond duquel ils ont coustume de tirer quelque rente annuelle, ou bien quelque industrie pour faire valoir ledit argent, que lesdits marchands ou autres qui en peuuent tirer profit demandent à emprunter.

La 2. que lesdits qui donnent, requis par ceux qui prennent de leur prester argent, au lieu de ce faire fassent trois contracts, l'vn de Compagnie, l'autre d'asseurance du principal & du profit qu'on se promet, & le 3. d'achapt du gain certain pour vn incertain & indeterminé.

Et en la page 333.

Or peuuent ces contracts, dit Major, se faire en deux façons: la premiere verbalement, & par paroles formelles & expresses; l'autre virtuellement & *implicite tantum*, comme il arriue quand celuy qui est requis de prester de l'argent, *intendit expressè omni titulo quo potest lucrari sex pro centum, & mutuatarius intendit illi dare lucrum omni eo titulo quo ille intendit accipere*, ou bien lors que celuy qui veut auoir argent, proteste de rendre auec le principal certain gain à qui l'en voudra obliger, *vt quatuor pro duodecim incerti lucri.*

Et

Et en la page 334.

Celuy qui a donc besoin d'argent, venant à expliquer le desir qu'il a d'en recouurer en telle ou telle quantité, le creancier futur luy pourra respondre : Ie n'ay point d'argent à prester, si bien à mettre à profit honneste & licite ; si vous desirez la somme que demandez pour la faire valoir par vostre industrie à moitié perte, moitié gain, peut-estre m'y resoudray-je; bien est vray qu'à cause qu'il y a trop de peine à s'accorder pour le profit, si vous m'en voulez assurer vn certain, & quant & quant aussi mon sort principal qu'il ne coure fortune, nous tomberons bien-tost d'accord, & vous feray toucher argent dés cette heure. Ainsi l'accord fait de paroles entre les parties, le contract se passera selon la forme cy-dessous.

3. Il ne faudra prendre le gain conuenu entre les parties contractantes au commencement dudit contrat. Car lors il n'est pas encore deu, ains au bout de l'an, ou demy an, ou de quartier en quartier, ne fust que le creancier craignist probablement qu'il ne pust recouurer ce qui luy seroit deu, que l'on appelle communément interest, au bout de l'an sans procés, ou que celuy qui se constitue son debiteur, ne luy baillast par aprés franchement, de bonne volonté, & sans en estre importuné.

Pages 335. 336. 337. 338.

5. Toute la somme mentionnée audit contrat se doit deliurer reellement & de fait, si que le creancier n'en retienne rien, sinon és deux cas susdits au nombre 3. combien qu'il est tousiours plus assuré d'attendre le terme accordé par la conuention mutuelle qu'on en fait.

6. Il ne faut pas que ce qu'on demande soit excessif, communement il se faudra tenir dans l'ordonnance, & se contenter du prix que le Roy permet par icelle, qui est au denier 12. pour les marchands, & au denier 18. pour les autres, ne fust que pour certaines considerations, dont le jugement est reserué aux sages, il fallust l'accroistre ou le diminuer.

7. Pour plus grande asseürance il est bon que le creancier dise à celuy qui se constitüe debiteur, que son intention en ce contrat n'est vsuraire, bien en l'obligeant de ses deniers de les faire profiter, auec protestation de sa part de ne vouloir rien faire contre Dieu & sa conscience. Car par cela il se declare porté au bien, éloigné du peché, dans les dispositions de ne contracter point; *si sciret titulum huius contractus non esse iustum*, &c.

Ces choses ainsi presupposées le contrat se peut passer en la forme qui s'ensuit.

Fut present en sa personne N. lequel de son bon gré & volonté a confessé deuoir à N. present la somme de...... à cause de pareille somme que ledit N. luy a en son besoin & instantes prieres deliuré & compté en escus, pistoles, ou quarts d'escus presens les Notaires soussignez, deuant lesquels ledit N. a promis de payer la somme susdite audit N. son creancier, ou à son mandement à tel qu'il luy plaira, & ce en cette ville de Paris dans l'an prochain, le commençant à compter de ce jour 20. de...... de l'an 1638. à peine de tous despens, dommages, & interests qui courront dez & depuis ledit terme écheu, jusques à l'actuel payement, sans autre sommation ou interpellation.

Notez que cette derniere clause, que les interests courront aprés le terme jusques au payement, se met expressément pour euiter les commandemens qu'il seroit besoin de faire, à cause que la Iustice n'adjuge les interests que du jour des sommations & commandemens.

Tous les contracts d'argent presté, ainsi en parlons nous, prenant toûjours le mot de prest improprement & au sens que nous auons dit, se font en general de cette sorte par toute maniere de personne, Gentilshommes, Presidens, Conseillers, Marchands, Fermiers, &c. lesquels en ce qu'ils se font payer l'interest de leur argent les vns au denier douze, les autres à dix pour cent, qui excede le prix de l'ordonnance, me semblent reprehensibles, n'estoit que leurs debiteurs le fissent de gré à gré sans y estre contrains, & que pour justes causes ils deussent passer le prix de ladite ordonnance.

Or est à noter que la coutume porte, que lors que le terme dudit payement est escheu, si le debiteur n'a moyen de payer le principal, il va payer & auancer l'interest encore pour vn an, & son creancier luy baille vn prolongement signé de sa main en cette forme.

Ie soussigné N. proroge à vn tel le terme à me payer la somme de.... qu'il me doit, comme apert par contrat receu par tel Notaire, & ce jusques à vn tel jour, sans deroger audit contrat fait.

Voila à mon aduis le moyen par lequel dans le monde quantité de personnes, qui par leurs vsures, extorsions, & contrats illicites se prouoquent la iuste indignation de Dieu, se peuuent sauuer, si au lieu de prester le leur ils le baillent en la façon dessusdite, qui n'est de mon inuention, mais de quantité de grands hommes, dont ie juge à propos d'inserer icy les paroles, pour parer aux reproches de ceux à qui cette opinion pouroit sembler improbable & nouuelle.

Celuy qui premier en France s'en est rendu l'auteur & le protecteur, c'est Iean Major, &c.

## XXV.

*Que l'enuie n'est point peché mortel quand elle est conceüe pour le bien temporel du prochain.*

LE P BAVNY *Som. des pech. pag.* 123. *Edit.* 6.

Parlant de l'enuie pour les choses temporelles. Peché lequel quoy qu'au tesmoignage de S. Augustin il soit contraire à la charité, toutefois il ne me semble pas mortel. Car le bien qui se trouue és choses temporelles, est si mince & de si peu de consequence pour le ciel, qu'il est de nulle consideration deuant Dieu & ses Saints.

## XXVI.

*Qu'vn Prestre qui a receu de l'argent pour dire vne Messe, peut encore en receuoir pour la partie du sacrifice qui luy apartient.*

ESCOBAR *Mor. Theol. Tr.* 1. *Ex.* 11. *cap.* 4. *Praxis ex societatis Iesu Doctoribus.*

96. Potestne sacerdos dum accepto stipendio pro altero celebrat, partem sacrificij sibi conuenientem alteri applicare, & pro eâ stipendium accipere? Posse sentit *Filiucius*, dum non tamquam pro integro sacrificio, sed pro parte, vt pro vnâ tertiâ accipiat.

## XXVII.

*Que c'est entendre la Messe que d'en entendre quatre quarts en mesme temps.*

ESCOBAR *Theol. Mor. Tr.* 1. Ex. 11. *c.* 4. *Praxis Soc. Iesu edit. Lugdun. an.* 1644. *p.* 146.

Satis facit ne præcepto qui eodem tempore audit vnam (Missæ) medietatem ab vno, & alteram ab alio? Ita planè ex *Sanchez*: quia Ecclesia præcipit vt Missa audiatur, duæ autem medietates vnam Missam constituunt. Colligo posse te breuissimo temporis interstitio Missam audire; si quatuor v. g. altaribus variæ Missæ proportionatâ temporis anterioritate sic celebrentur, vt dum vna inchoatur, secunda ab Euangelio tunc in consecrationem procedat, tertia à consecratione in consumptionem, quarta denique à comsumptione vsque ad terminum.

BAVNY *Mor. Theol. Par.* 1. *Tr.* 6. *de præcepto audiendæ Missæ*, *q* 9. *p.* 312.

An præcepto de Missâ audiendâ satis faciat qui audit partem ex aliâ Missâ, quam ex priore omiserat?

Dico satisfacere; quia ex duabus illis auditionibus integratur auditio præcepta .. .. Tertiò satisfit præcepto Ecclesiæ sistendo se Missis duabus modo dicto, sic vt pars vna vnius, alterius altera audiatur, si Ecclesia patiatur & velit præceptum suum hoc modo impleri: at vult, quia citati Doctores ita docue libris impressis, nec ea reclamat vt deberet, si id non sufficeret, vt rectè docet de Coninch.

Quid si eodem tempore audiantur duæ medietates sacrificij, initium quidem eius ab eo qui illud incipit, & finis ab illo qui in alio altari missam absoluit? Reginaldi opinio est eiusmodi auditione officio non satisfieri ..... Contraria sententia est Molfesij Tom. 1. Tr. 3. c. 17 n. 36. Azor p. 1. l. 7. c. 3. qu. 3. Antonij Dianæ Tr. 17. & 3. Miscell. Resol. 18. Ratio est, quòd Ecclesia tantum præcipit vt Missa audiatur: at duæ medietates vnam Missam constituunt .... Sed hæc sententia quanquam probabilis, tamen in praxi non est sequenda, sed prior.

## XXVIII.

*Relachemens contre l'obligation de jeusner.*

ESCOBAR *Th. Mor. Tr.* 1. *Exam.* 13. *c.* 3. *Praxis ex societatis Iesu scholâ.*

31. Scio frangentem semel jejunium, non peccare sæpius comedendo: quia Ecclesia à secundâ comestione solùm præcipit abstinere. Rogo an eadem sit ratio, si quis vouisset in pane & aquâ jeiunare? Ita planè. Nam si is semel vinum hausisset in notabili quantitate, non teneretur ab illo ampliùs abstinere.

Ibidem.

40. Dispensatione carnibus vescor die jeiunij, debeone jeiunare? Excusaris, (ait *Lessius* l. 4. c. 2. dub. 6. n. 41. quia ad fragilitatis refectionem confert non solùm cibi qualitas, sed etiam repetitio. Addit: si dispensatus es eò quòd alij cibi tibi noceant, non excusaris ob contrariam rationem. Ego cum *Henriquez* l. 7. c. 13. num. 12. absolutè à jeiunio libero dispensatum ad carnes; quia abstinentia ab his est de essentiâ jeiunij.

Ibidem.

45. An defessus ex quocumque labore licito vel illicito, obligationi jejunandi subjaceat? In licito v. g. pilæ defatigatione, & in illicito v. g. cum fœminis commistione, aliqui asserunt delinquere qui præuidit tali labore reddendum inhabilem ad jejunium. Alij putant absolutè liberandum à lege jeiunij; quia quo die obligat præceptum jeiunij, jejunare non potest, quando verò laborabat licitè aut illicitè, jeiunij præceptum non illigabat.
46. Excusanturne ab Episcopalibus jeiuniis Regulares? Ita planè; quia Tridentinum obligans ad festa Episcopalia Regulares, haud efficit de jeiunio memoriam. *Suarius* de Rel. 4. l. 4. c. 20. nu. 8.
67. Dormire quis nequit nisi sumptâ vesperi cœnâ, teneturne ieiunare? Minimè. Si sufficit mane collatiunculam sumere & vesperi cœnare, tenetur ad id? Non tenetur; QVIA NEMO TENETVR PERVERTERE ORDINEM REFECTIONVM. Ita Filiucius.
72. Anticipatur sine causâ hora comedendi de jeiunij, soluitur ne? Minime; quia determinatio horæ non est de essentiâ jeiunij: at delinquetur venialiter, nisi sit exigua anticipatio, vt dimidiæ horæ. Sic Filiucius. Colligo Religiosos habentes priuilegium anticipandi prandium per horam, posse sine vllâ culpâ per horam & dimidiam ante meridiem prandere.

## XXIX.

*Qu'ils reduisent le soin que le Confesseur doit auoir de juger de la disposition de son penitent, à luy demander s'il a regret de ses pechez, & dessein de n'y plus retomber; & qu'ils pretendent qu'ayant dit, oüy, le Confesseur l'en doit croire.*

FILIVCIVS *Moral. Quæst. To. 1. Tr. 7. n. 354.*

Secundò quæro, quo pacto Confessor explorare possit dolorem pœnitentis? Respondeo, & dico 1. Confessorem non posse licitè absoluere eum qui non est bene dispositus ad recipiendam absolutionem.

Dico 2. hæc dispositio in duobus est posita. Primò in displicentiâ præteritorum: Secundò in proposito futuri. Primò ergo ad explorandam displicentiam tria obseruanda sunt. Primum quando ex modo se accusandi penitens præbet signa doloris, vel pœnitens est bene moratus, & seriò se accusat, id satis est vt sibi Confessor possit satisfacere. Secundum, bene semper faciet proponendo & consulendo detestationem peccati. Tertium quando non habet signa sufficientia doloris, debet interrogare an ex animo detestetur, & si affirmet, potest & DEBET CREDERE.

Secundò ad explorandum propositum. Primum, eadem sufficiant quando est generalis tantum obligatio non peccandi: si verò adsit peculiaris obligatio restituendi, vel relinquendi occasionem proximam, dicam sequenti dicto. Secundum, non proponat Confessor difficultates multas in peccatis vitandis, vnde penitens constituatur in periculo non habendi efficax propositum in futurum. Satis enim est propositâ generaliter peccati fœditate, Dei bonitate, & periculo damnationis, inducere penitentem ad concipiendum generale propositum non peccandi ampliùs mortaliter. Tertium, non est necesse vt Confessor sibi persuadeat aut probabiliter judicet futurum vt penitens à peccato abstineat: satis est quod existimet penitentem, quando est absoluendus, habere propositum illud generale quod diximus, quamuis illud sit per breue tempus mutaturus. Ita omnes Autores ex Suare disp. 32. sect. 2. n. 2.

SVAREZ *in 3. Par. Tom. 4. disp. 32. sect. 2. n. 2.*

In quo est secundò obseruandum hanc dispositionem penitentis ex duobus consurgere, scilicet displicentiâ præteritorum, & proposito in futurum. Et quidem quoad displicentiam attinet, facilè potest sibi satisfacere Confessor; quia si penitens in ipso modo confessionis & accusationis suæ præbet signa doloris, vel certè si est homo non valde rudis, & apparet moratus, nullam diligentiam in hoc tenetur Confessor adhibere: benè tamen semper faciet proponendo & consulendo detestationem peccati: & quando non habet sufficientia signa doloris, potest & debet interrogare penitentem an ex animo detestetur peccatum, cui affirmanti CREDERE TENETVR Et hoc idem dicendum est de proposito in futurum, quando ex confessione non oritur specialis aliqua obligatio restituendi vel relinquendi aliquam occasionem proximam peccandi, sed solùm communis & generalis obligatio non peccandi de cœtero.

## XXX.

*Que le penitent estant mesme interrogé par son Confesseur, n'est pas obligé de luy auoüer que le peché dont il se confesse est vn peché d'habitude, auquel il a accoustumé de tomber souuent.*

BAVNY *Theol. Mor. Part. 1. Tr. 4. de Penit. q. 15. p. 137.*

Dubitatur 12. an circumstantia recidiuæ sit confitenda? Teneri penitentem consuetudinem peccandi confiteri si à Confessario interrogetur, tenent Vasquez, Henriquez, lib. 1. c. 8. quia consuetudo (inquiunt) peccandi, arguit in penitente propositum infirmum emendationis, maximè si hæc oritur ex proximâ peccandi occasione, quam penitens tenetur resecare. Contrarium docet *Sancius* in select. disp. 9. n. 6. & hæc opinio priore videtur esse probabilior, & sequenda in praxi. 1. quia Confessarius jus non habet interrogandi penitentem de consuetudine peccandi, nisi eius rei grauem causam habeat, quæ raro accidit. Deinde non est in eius jure afficere penitentem dedecore, cognitâ ejus peccandi consuetudine, sed debet eum statim absoluere, si dolorem de præteritis concipit, cum proposito futuræ emendationis.

## XXXI.

*Qu'vne occasion prochaine de peché estant celle qui porte d'elle-mesme au peché mortel, & en laquelle vne personne ne se trouue jamais, ou presque jamais sans tomber dans le peché mortel, on peut neantmoins y demeurer, & mesme s'y engager pour le bien spirituel,* OV TEMPOREL, *de nous ou de nostre prochain.*

BAVNY. *Theol. Mor. Par. 1. Tr. 4. de Penit. q. 14. p. 93. & 94.*

QVÆSTIO XIV.

An absolui possit qui est in proximâ occasione peccandi, quam non vult omittere?

Sciendum est primò occasionum alias remotas esse, proximas alias; sunt illæ quidquid homini potest esse causa peccati; istæ autem, id est proximæ, vt habent Nau. c. 23. num. 14. Graff. primo decision. c. 28. num. 4. Sanchez Tom. 1. Moral. l. 1. c. 8. sunt id solum quod in se est peccatum mortale, vel quod ex genere suo ac naturâ est tale, vt frequenter homines similis conditionis ad mortale inducat, & experimento constat talem effectum in illis habere vt plurimum; vnde Confessarius concludere prudenter potest, numquam aut raro tali occasione pœnitentem vsurum sine mortali culpâ; habitâ ratione tam loci, quàm temporis & aliarum circumstantiarum, quæ ad peccatum inducunt. Quo supposito

Dico 1. regulariter absoluendum non esse qui est in occasione peccandi proximâ. ....Dixi, regulariter; quia ex multorum sententiâ cuique licet exponere se periculo peccandi, cùm de alienâ salute, eaque promouendâ agitur. Ita Castrus Palaus in opere Morali To. 1. Tr. 2. punct. 9. §. 3. n. 13. & 11. Salas in 1. part. D. Thom. Tr. 8. disp. vn. sect. 5. num. 60. Basil. Pont. de Matrim. l. 5. c. 35. n. 4. aiunt posse omnes ad infideles expeditionem facere, vt conuersioni eorum dent operam cum manifesto peccandi periculo; licere item singulis lupanar ingredi ad odium peccati ingenerandum meretricibus, etsi metus sit, ac verò etiam verisimilitudo non parua eos peccaturos, eò quòd malo suo sæpe sunt experti blandis se mulierculatum sermonibus ac illecebris flecti solitos ad libidinem. Quod etsi Lopez.....aliique non probent,....etsi inquam in eâ sint opinione Doctores, vt existiment ne fas esse proximi juuandi causâ vltro salutem suam in discrimen vocare, nihilominus eorum ego lubens subscribo sententiæ, qui secùs quàm illi opinantur. Hi sunt Basilius de matrim. in appendice c. 6. Eman. Sa verb. peccatum. D. Thomas 2. 2. q. 10. art. 9. &c.

*Mais il faut remarquer que cette citation de S. Thomas est tres-fausse.*

## XXXII.

*Qu'vn concubinaire n'est pas obligé de chasser sa concubine, mais seulement de promettre de ne plus pecher auec elle, lors que ne l'ayant pas il en viuroit plus tristement.*

SANCIVS *in select. disp. disp. 10. nu. 10 apud Dianam 5. part. Tr. 14. resol. 108.*

Infero negandam non esse absolutionem ei qui suæ concubinæ quam domi habet mutuò dedit centum aureos, quorum recuperandorum spes nulla superesit, si domo illam eijciat. Vel è contra si fœmina non recuperatura esset centum sibi debita, si domum concubinarij desereret. Dictum est enim supra, quòd nullus teneatur occasionem proximam vitare cum magno suo detrimento, nec tunc dicetur velle occasionem, sed permittere; cùm non abigere occasionem, non oriatur quia velit penitens in illâ permanere; sed quia velit non incurrere damnum quod abjectâ occasione obueniret. Vnde nec tenebitur domo eijcere concubinam, si concubinario sit nimis vtilis ad lucrandum bona temporalia mediâ negotiatione. Sicut enim qui diues est & officio laborioso fungitur, vt ferrarij vel lignarij, astrictus non est in die jeiunij ab officio cessare, nec qui ad nundinas properat tenetur in die festo Missam audire, si ob id occasio accedendi elabatur, quantùmcumque intendat ad nundinas ire causâ augendi lucrum: sic nec concubinam eijcere erit obnoxius concubinarius, si ex ejectione magnum emolumentum esset non acquisiturus. Sufficiet enim proponere deinceps non peccare.

peccare. Imò & si concubina nimis vtilis esset ad oblectamentum concubinarij, vulgò *Regalo*, dum deficiente illâ nimis ægrè ageret vitam, & aliæ epulæ tædio magno afficerent concubinarium, & alia famula ad id nimis difficilè inueniretur, eiicere illam non erit concubinarius obligandus; quia oblectamentum dictis circumstantiis consideratum, est maioris æstimationis quàm quodcumque bonum temporale, ob quod fas erit cuique de nouo admittere fœminam ad sui famulatum, quantùmcumque metuat labendi periculum, si aliam non inueniat paris qualitatis illis in rebus quæ sibi sunt maximè vtiles: si namque ob hanc causam jam receptam expellere non constringitur, eodē jure de nouo admittere illam erit cōcessum.

## XXXIII.

*Que la consideration d'vn interest temporel fait qu'on peut absoudre celuy qu'on laisse dans vne occasion prochaine de peché, c'est à dire selon la definition des occasions prochaines celuy qui ne se trouue presque jamais dans cette occasion sans tomber dans le peché mortel.*

BAVNY *Theol. Mor. Par. 1. Tract. 4. de Penit. q. 14. p. 94.*

Dico 3. eum qui est in occasione proximâ peccandi absolui posse, si dolorem de præteritis habeat, firmumque propositum non peccandi in posterum, & simul justam causam non deserendi prædictam occasionem.....

Probatur autem assertio 1. quia cùm est iusta causa exponendi se peccandi periculo, penitens nec occasionem vult expresse & actu, nec peccatum ex eâ consequens; sed commodum suum, nempe priuationem damni in famâ, honore, pecuniis: quo bono non frueretur, si occasionem prædictam omitteret aut vitaret..... Vel præceptum de euitandâ occasione est affirmatiuum, vel negatiuum: si primum, in necessitate non obligat: si secundum, non intelligitur vim habere, nisi in casu quo quis voluntariè se in eam occasionem conjicit; quod non facit cùm iustam causam eam non vitandi habet, iuxta Laym. supra. Deinde cùm occasio peccandi nec ex se, nec omnibus sit mala, sed huic tantùm, non potest in classem eorum operum redigi, quæ ex naturâ suâ, & à quocumque fiant, semper sunt mala & numquam admittenda: & proinde non valet hoc axioma in materiâ occasionum: Præceptum negatiuum obligat semper & pro semper; cùm in iis versari liceat secundum Lud. de Beia proximè citatum, quando ratio aut honesta aliqua causa suadet eas non vitare, cum præteritorum dolore, & firmo proposito non peccandi iterum. Quin etiam tradit Basil. vbi supra, occasionem primò & per se quæri posse, cùm est aliqua causa eam volendi ob bonum nostrum, aut proximi, tam temporale quàm spirituale.

Sequitur ex dictis 1. absolui posse fœminam, quæ domi suæ virum excipit cum quo sæpè peccat; si eum honestè inde non potest eiicere, aut causam aliquam habet eum retinendi, dummodò firmiter proponat se cum eo ampliùs non peccaturam. Beia. & Nau. loc. citatis.

## XXXIV.

*Absoudre ceux qui sont dans les occasions prochaines, mesme d'inceste, sans les obliger de se separer, lors que leurs rechuttes ne sont pas frequentes, & quasi journalieres, mais seulement vne ou deux fois le mois. Et qu'il faut mesme absoudre* TOTIES QVOTIES *l'enfant de famille, qui ne peut abandonner la maison de son pere, ny en chasser la seruante dont il abuse frequemment, bien qu'il n'y ait apparence qu'il s'abstienne du peché, quoyqu'il le promette.*

BAVNY *Som. des pech. ch. 46. p. 1089. Edit. 6.*

Qu. 5. Ce qu'il faut faire auec les seruiteurs & seruantes, les cousins & cousines, les maistres & leurs seruantes, qui mutuellement se portent & s'entr'aident à pecher, ou en prennent sujet du domicile où ils sont, & des occasions qu'ils en ont.

Quand les rechuttes sont frequentes, & quasi journalieres, Nauar. au ch. 3. n. 21. & de Graff. liu. 1. ch. 28. n. 23. Suarez sur la 3. part. to. 4. disp. 32. sect. 2. tiennent qu'il les faut renuoyer comme incapables de posseder le bien pour lequel ils se presentent au Sacrement. Car s'ils estoient touchez d'vn regret veritable de leurs fautes, ils en euiteroient (disent-ils) la cause, ainsi qu'ils y sont obligez: donc à faute de douleur, leur confession est inualide, & nulle (concluent-ils) & eux ensuite indisposez à receuoir la grace par l'absolution. Si toutesfois (adioustent-ils) ils n'offensent que rarement par ensemble, comme vne fois ou deux le mois, ils pourroient estre absous. *Concurrentibus quatuor prædictis, quorum quartum, scilicet causa notabilis est, quòd nō possunt sine magno detrimento & incōmodo separari.* Nau. ch. 3.

Viualdus en son Chandelier, titre de l'absolution §. Casus reseruati, n. 43. Iean Sancius en ses questions choisies, disp. 10. n. 16. Diana au tr. 16. qui est le 2. de ses Diuersitez, resol.

47. enseignent que l'enfant de famille, qui ne peut abandonner la maison de son pere, ny en chasser la seruante dont il abuse frequemment, peut estre absous TOTIES QVOTIES, c'est à dire, aussi souuent qu'il en priera le Prestre, pourueu qu'il aye déplaisir du passé, auec propos de n'y plus retomber, bien qu'en effet il n'y ait apparence qu'il fasse ce qu'il promet, & à quoy il se resout; d'autant qu'il n'est pas impossible (disent ils) qu'il se repente d'auoir peché auec propos de s'amender, & qu'au sortir de la Confession il s'y laisse couler comme deuant, au sujet & à l'occasion qu'il en a. IL LE FAVT DONC ABSOVDRE (concluent ces Auteurs) PVIS QV'IL EN A LES DISPOSITIONS REQVISES.

## XXXV.

*Absoudre* TOTIES QVOTIES *des jeunes gens qui se corrompent & retombent toûjours dans les mesmes pechez mortels, sans trauailler mesme à s'en corriger.*

BAVNY *Th. Mor. Part. 1. Tr. 4. de penit. q. 15. p. 96.*

Secundum, an adolescenti qui grauia ad Confessionem peccata affert, maximè verò pollutiones crebras & tactus, impertienda sit absolutio toties quoties?

Omnino, si eum sincerè præteritæ vitæ pœnitet, statuitque libidini frænos injicere, ac amodò non peccare. Ratio præter citatas anteà est, quòd nec lapsu in culpam frequenti, nec specificâ ratione ipsius peccati, de quo agitur, absolutione indignus censeri debeat. Non primò; quam enim multos alit Ecclesia qui se ferè in horas ac momenta singula grauibus culpis commaculant, quibus tamen ad gratiam Deus reditum absolutione non negat? Non secundò; quia ab infirmitate naturæ, leuitate ingenij quæ pueris est agnata, multum de grauitate culpæ detrahi est certum. Nihil est ergo rationis quamobrem toties quoties hi eius pertæsi, ac certi de eâ non iterandâ ad Sacerdotis pedes aduoluti absolutionem ab eo sibi dari petent, illam non recipiant. An autem differri absolutionem interdum expediat, res est in opinione Doctorum. Differendam censent *Azor* tom. 1. l. 9. inst. c. 28. q. 18. *Lopez* 1. part. Instr. c. 282. vers. sed quid si. *Laym.* supra. Dico ego, mihi videri rem committendam esse judicio Confessarij, qui spectatis loci, temporis, & personarum circumstantiis de re vniuersâ statuet prout ad Dei gloriam ac penitentis bonum expedire judicauerit: & quidem si aliquid operæ studiique ad correctionem vitæ præteritæ penitens attulit, veróque dolore de peccatis tangitur, hunc absoluendum illicò, nec remittendum ad tempus futurum puto; quia verendum esset ne ea prorogatio noxæ ei foret, ac majorum scelerum causam daret, videndo se rejectum ad tempus aliud, quod Confessario inprimis est vitandum, cui penitentium salus curæ esse debet.

Quid si sæpè admonitus nihilominus non sapit? Quid si de emendandâ vitâ promissa non fecit? Quid si in expurgando animo, tollendâque peccati consuetudine non laborauit? Indignum eum esse, cui ad gratiam aditus per absolutionem pateat, dixere *Ledesma* to. 2. summæ tract. 1. c. 9. *Lopez* 1. part. Instr. c. 281. VERA SENTENTIA, eáque tenenda habet, ne tunc quidem absolutionem ei negandam esse, dummodò dolore necessario instructus, ad confessionem vitæ melioris consilium afferat, de quo Sacerdoti, quantum fas est humanitùs, ex signis aut eius ore voceque constet. Sic Sanchez to. 1. Moral. l. 2. cap. 32. num. 45.

## XXXVI.

*Qu'on ne doit ny refuser ny differer l'absolution à ceux qui sont dans les habitudes du peché mortel, contre la loy de Dieu, de la nature, & de l'Eglise, encore qu'on n'y voye aucune esperance d'amandement.*

BAVNY *Theol. Mor. Par. 1. Tract. 4 de Pœnit. q. 22. p. 100.*

## QVÆSTIO XXII.

An danda sit absolutio confitenti sæpe eadem peccata sine spe profectus.

Negandam asserunt Azor tom. 1. l. 2. c. 3. q. 4. Suarez tom. 4. disp. 32. sect. 2. Graff. lib. 1 decision. c. 28. num. 23. Nauar. c. 3. num. 11.

Contraria sentiunt Vinaldus in Candelab. tit. de absolut. §. Casus reseruati, num. 43. Sancius in selectis disp. 10. n. 16. Diana Tract. 16. miscel. 2. resol. 45.

Dico 1. etsi penitens consuetudinem peccandi habeat, jurandive, aut aliud simile quid admittendi, contra legem Dei, naturæ, aut Ecclesiæ, non est tamen ei neganda absolutio, si verè eum admissorum penitet, ac emendandi sui propositum habet. Ratio est, quòd penitens post factam confessionem cum dispositionibus ad gratiam necessariis, ius ad absolutionem habeat: non est hæc ergo ei neganda, alioqui fieret illi injuria, nec differenda sine eius voluntate ac consensu.

Dico 2. nec negandam, nec differendam ei, ETSI EMENDATIONIS FVTVRÆ SPES NVLLA APPAREAT. Primò, quia cum defectu talis spei concurrere possunt omnia quæ ad absolutionem sunt necessaria, nempe confessio integra dolor de peccatis, ac propositum firmum ac stabile ea vitandi in posterum. Secundò, quòd quis culpam venialem, in quam sæpè labitur, non modò non corrigat, sed nec speretur correcturus, hoc non impedit quominus dictus penitens ab eâ possit absolui, quando ad confessionem afferet dolorem idoneum cum proposito sufficienti : at eadem est ratio peccati mortalis quoad hoc, quæ venialis : ergo vt huius neganda non est absolutio, ita nec illius.

Maiorem admittunt aduersarij; quia relapsus in peccata venialia non est signum, inquiunt, defectus propositi ad eorum remissionem necessarij, cùm hoc possit contingere ratione frequentium occasionum peccandi, quas non ita tenemur vitare in venialibus ac in mortalibus. Minor probatur. Non minùs oportet penitentem de peccatis suis venialibus conteri ac proponere ea vitare, quàm mortalia, maximè si non confiteatur nisi vnum veniale; quia defectus alter vtrius reddit sacramentum inualidum & inutile. Ergo cùm ex aduersariorum sententiâ dari debeat absolutio de veniali, quamuis occasio eius admittendi non sit præcisa, impertienda est quoque, inquit Sancius supra, respectu mortalium, quando aderit dolor & verum propositum ea cauendi in posterum, quia jus ad absolutionem penitenti competit, & ad eam dandam nihil necesse est Confessarium scire an penitens sit in occasione peccandi nec ne, dato quod eam vitare nequeat, eo quod eum teneatur absoluere, siue occasionem cognoscat, siue non.

## XXXVII.

### *Que le regret d'auoir peché conceu à cause du mal temporel qui en arriue, comme pour auoir perdu sa santé ou son argent, est suffisant pour receuoir la grace du sacrement, si on pense que ce mal est enuoyé de Dieu.*

ESCOBAR *Tr 7. Ex. 4. n. 91.*

*Ob malumne æternum debet quis penitere?* Ita planè vt attritio sufficiat cũ sacramento. *An non sufficit ob malum temporale, v. g salutis corporeæ nocumentum, bonorum amissionem, &c.* Negat Suarius disp. 20. sect. 2. quia aliàs sequeretur peccatorem posse se disponere ad sacramentum & illius effectum solis naturæ viribus. At Hurtado citatus distinguit : si quis doleat de peccato propterea quòd Deus in pœnam illius malum temporale immisit, SVFFICIT: si autem doleat sine vllo respectu ad Deum, non sufficit.

HVRTADO DE MENDOZA *De sacr. disp. 6 de Penit. diff. 5. apud* DIANAM *Part. 4. Tr. 4. Misc. Resol. 193.*

Aliqui docent & meritò attritionem & dolorem peccatorum ob malum temporale cum respectu ad Deum, à quo immissum aut immittendum est in pœnam, id est dolorem de peccato; quia Deus immisit aut immittet dictum malum ( vt reuera fieri potest quia quodcumque malum quod non fit culpæ à Deo immittitur ) sufficere ad effectum sacramenti pœnitentiæ, non verò ob malum temporale vt aliunde proueniens vel euenturum absque respectu in Deum.

AMICVS *Tom. 8. disp. 3. n. 13.*

Ex dictis deducitur primò non modò dolorem peccati propter gehennæ metum, sed ob quascunque pœnas à Deo infligendas, etiamsi temporales sint, vt propter pœnas purgatorij, corporis ægritudines, damnum, & amissionem bonorum temporalium, esse sufficientem dispositionem cum sacramento pœnitentiæ ad iustificationem.

## XXXVIII.

### *Qu'on n'est point obligé par le commandement de la charité de faire en toute sa vie vn acte d'amour de Dieu, ny d'obseruer aucun commandement par le motif de cet amour: & qu'il ne nous est pas tant cõmandé d'aimer Dieu que de ne le point haïr.*

ANTOINE SIRMOND *Défense de la Vertu Traicté 2. Sect. 1. ch. 2. & 3.*

Les Preceptes affirmatifs n'obligeant qu'en certain temps, que dirons nous de celuy-cy? En quel temps obligera t'il? Les opinions en sont fort partagées. S. Thomas dit qu'il oblige pour le premier vsage de la raison. C'est vn peu bien tost, &c. Suarez répond que nous sommes obligez d'aimer Dieu en quelque temps. Mais en quel temps, il vous en fait juge, & n'en sçait rien. Quelqu'autre en diroit bien autant, & s'il ne nous resoudroit pas beaucoup. Et neantmoins ce que ce Docteur ne sçait point, ie ne sçay qui le sçait. S'il y a commandement d'aimer, il oblige de son chef à son obseruation. Qui demanderoit : Et sa transgression à quoy oblige-t'elle? Pecheroit-t'il mortellement contre ce precepte qui n'exerceroit IAMAIS d'acte interne d'amour? Ie n'oserois ny le dire ny le dédire de moy mesme. S. Thomas 2. 2. qu. 44. ar. 6 semble répondre que non, & se contenter pour éuiter à la damnation que nous ne fassions rien d'ailleurs contre la sacrée dilection, quoy que jamais en cette vie nous n'en eussions l'acte formel. ( *C'est une imposture manifeste contre la doctrine de S. Thomas; puisque ce Iesuite luy mesme vient de reconnoistre, Que S. Thomas est si esloigné de croire qu'on ne soit jamais obligé d'aimer Dieu en toute sa vie, qu'il veut qu'on y soit obligé dés le premier vsage de la raison.)*

Si c'est la doctrine de S. Thomas, comme il semble que ce l'est, je dirois volontiers sous son autorité, que Dieu nous commandant de l'aimer, se contente au fond que nous luy obeïssions en ses autres commandemens....

Il est donc dit que nous aimerons Dieu, mais effectiuement, *opere & veritate*, faisant sa volonté comme si nous l'aimions affectiuement; cõme si son amour sacré brûloit nos cœurs; comme si le motif de la charité nous y portoit. S'il le fait reellement, encore mieux. S'il ne le fait, nous ne laissons pas pourtant d'obeïr en rigueur au commandement d'amour, en ayant les œuures. De façon que, voyez la bonté de Dieu, il ne nous est pas tant cõmandé d'aimer, que de ne point haïr; soit formellement, par haine actuelle, ce qui seroit bien diabolique; soit materiellement, par transgression de la loy.

Ibid. chap. 4. Il faut distinguer deux choses au commandement, & deux choses en l'amour. Au commandement, la douceur, & la rigueur. En l'amour, le motif, & l'effet. Ou si vous aimez mieux, distinguez deux commandemens, & deux amours. Vn commandement de douceur, & vn de rigueur. Vne amour d'affection, & vne d'execution. Qui commande autant qu'il peut, mais sans menace, sans apposition de peine, au moins grieue, à qui n'obeïra; son commandement n'est que de miel & de douceur; y adjoutant la peine, ou la commination de mort, il le met à la rigueur. De mesme qui fait du bien à vn autre sans intention ou affection pour luy, ne l'aime qu'en effet, & non d'affection; qui auec intention, a de l'amour pour luy & effectif, & affectif. Cela supposé, que faut-il dire soit du fond, soit de la mesure de l'amour, que le grand & le premier precepte nous enjoint? Qu'il nous est vn commandement de douceur au regard de l'amour affectif, de l'amour d'intention & de motif; vn cõmandement de rigueur, quant à l'amour effectif & d'execution.

Ib. ch. 5. Voila comme Dieu & a deû & a peû nous commander son saint amour. Il a deû nous le commander quant à l'effet auec rigueur, ainsi qu'il a esté dit. Autrement en quoy eust-il paru le maistre & le Seigneur, s'il ne se fust fait obeïr? La douceur y a esté plus propre pour presser l'affection cordiale. S'il eust dit, ie vous perdray quelque obeïssance que vous me rendiez, si de plus vostre cœur n'est à moy: ce motif à vostre aduis eust-il esté bien proportionné à cette fin?..... Le Dieu d'amour, qui penetre dans nos cœurs plus auant que nous mesmes, veut estre aimé plus franchement; & s'il menace, c'est pour estre obeï.

## *Le mesme* ANTOINE SIRMOND *dans vn autre liure intitulé*, Réponse à vn libelle diffamatoire publié contre l'Auteur de la défense de la Vertu.

P. 9. La dispute est de sçauoir 1. si outre les dix commandemens de la loy, nous sommes obligez sous peine de damnation eternelle, de garder les deux autres d'amour de Dieu & du prochain, dont elle dépend toute entiere, & les Prophetes auec elle...... I'auois répondu que S. Thomas sembloit dire que non, &c.

P. 10. Aimez moy actuellement, dira Dieu en mon opinion, si ie prends party contre vous: ie vous le commande, non toutefois si absolument; que si d'ailleurs vous ne faites rien de contraire à l'amour que vous me deuez pas tant de tiltres & d'obligations, j'aye à vous chastier pour vn iamais. Voila nos partis formez.

P. 17. Les effets prennent souuent le nom de leur cause ordinaire, comme les signes des choses signifiées. De là est qu'on peut donner celuy d'amour aux effets exterieurs, SANS AVOIR EGARD SI L'INTERIEVR Y EST.

P. 21. Aimer Dieu actuellement, & non continuellement, c'est le propre des parfaits sur terre, qui taschant SELON LE CONSEIL qui leur en est donné, de s'actuer le plus qu'ils peuuent en la sacrée dilection, & ne pouuant le faire sans cesse; c'est beaucoup qu'ils le fassent de temps en temps, & ne seroit pas peu, quand ils n'en viendroient à bout QV'VNE FOIS EN LEVR VIE, CE QVI IROIT MESME AV DELA DV PRECEPTE EN RIGVEVR.

## AVERTISSEMENT.

*Ces propositions ont esté tirées d'vn plus long extrait que nous auons entre les mains, qui contient plusieurs autres mauuaises maximes. Nous n'y auons point voulu parler d'vne doctrine condamnée par tous les Parlemens, toutes les Vniuersitez, & toutes les Eglises de France, qui regarde l'autorité des Roys, la seûreté de leurs personnes, & le repos de leurs Estats; & qui a esté renouuellée par des Auteurs qui viuent encore. Nous auons voulu épargner ces Auteurs & la Compagnie dont ils sont; en n'exposant pas aux yeux du public les endroits de leurs liures qui contiennent cette doctrine si detestable, dans l'esperance qu'ils les supprimeront eux-mesmes, & qu'ils les condamneront.*

www.ingramcontent.com/pod-product-compliance
Ingram Content Group UK Ltd.
Pitfield, Milton Keynes, MK11 3LW, UK
UKHW020946220726
13924UKWH00002B/512